Thierry PASTOR

Le choc français

L'avenir de la France en suspens

Collection Argos

Thierry Pastor : diplômé en droit et en sciences politiques, il exerce depuis une quinzaine d'années en qualité de conseiller politique. Initialement formé aux métiers du politique, il s'est spécialisé autour des thématiques de la géopolitique de l'énergie et de la sécurité globale. Il a travaillé dans plusieurs régions du monde, essentiellement en Europe de l'Est et en Asie. Il est le co-auteur de plusieurs livres consacrés à la géopolitique de l'énergie, ouvrages rédigés avec le concours d'enseignants universitaires, de juristes ou encore de spécialistes en intelligence économique. Il travaille en collaboration avec plusieurs personnes aux compétences variées : systèmes d'information, technologie blockchain en incluant les cryptomonnaies, les NFT ou encore les métavers. Grâce à ces expertises extérieures, ces livres ont vu le jour.

Du même auteur

Dans l'ombre des titans, 2022
Le pouvoir obscur : les nouvelles armes, 2022
Dernière chance, 2022
Les limites de la diplomatie, 2022

Remerciements

L'écrivain dispose d'un luxe inaliénable : la liberté d'expression. Je mesure cette chance de pouvoir m'exprimer librement et j'en profite.

On oublie parfois qu'écrire prend du temps. Je ne peux qu'exprimer toute ma gratitude à mes proches qui me voient écrire, relire et corriger mes manuscrits. Tout ce temps consacré à travailler sur la rédaction, rectifier et peaufiner le style, tenter de gommer les erreurs puis m'attaquer à la mise en page du texte pour progressivement avancer vers l'étape de la publication, tout ce temps, j'ai conscience de ne pas le passer avec vous.

Jusqu'à présent, je n'avais jamais effectué aucun remerciement dans mes précédentes publications. Cette fois-ci, je change mes habitudes. A vous les femmes de ma vie, cette étude vous est dédiée. Merci pour votre soutien immuable et votre patience. A vous mes chers parents et mon cher frère, je vous exprime aussi toute ma gratitude pour votre soutien indéfectible et vos encouragements incessants.

Chers amis, je ne vous oublie pas. Les encouragements sont toujours appréciés. Vos critiques le sont tout autant. Vos yeux me font voir des choses que je n'aurais pas forcément vues en étant seul. Merci à tous.

Table des matières

Avant-propos

Où va la France ? C'est sans doute la question à laquelle de nombreux Français ne parviennent pas à apporter de réponse précise. Beaucoup pensent qu'elle va mal. Les vieilles images d'Epinal ressortent. Le Français est râleur. Le Français est ingérable. Le Français veut le beurre et l'argent du beurre pour paraphraser cette expression familière. Lorsque le Français n'est pas content, il descend dans la rue et fait grève. Tantôt elles durent peu. Tantôt elles sont plus longues. Il y a les vieux débats qui fâchent : la réforme des retraites, les incompréhensions liées à la mauvaise santé économique de la Sécurité sociale, etc. Bref, le Français paye beaucoup mais ne semble pas comprendre comment son argent est redistribué. Ainsi donc, la France serait malade ? Mais si ce n'était que ça !

Les maux français sont multiples. Beaucoup se plaignent d'un pouvoir d'achat qui ne cesse de se réduire à peau de chagrin pour certains. La France se paupérise. Au-delà de ce mal économique, il y a quelque chose de plus dramatique qui est en train de se jouer et qui ronge le pays comme un cancer indolore mais d'une grande nocivité. Oui, il existe un mal-être qui se manifeste au travers des urnes. Le taux d'abstention est souvent pointé du doigt lors des grandes soirées électorales. Certains le désignent comme le premier parti politique de France. Quant aux partis politiques traditionnellement modérés [1] et qui ont eu pour

---

[1] Note de l'auteur : par parti modéré, il faut comprendre les partis dominants de gauche, du centre et de droite qui ont traditionnellement été amenés à assurer la gouvernance exécutive et législative de la France sous la Vème République. Il s'agit d'une définition personnelle car au regard de l'actualité politique nationale, il devient toujours plus complexe pour les Français de classer les partis politiques sur un axe gauche-droite, à l'exception des extrêmes… quoique rien ne soit évident pour ces derniers. En effet, La France Insoumise fait débat quant à son positionnement à gauche, certains la classant à l'extrême gauche et

habitude d'occuper les premiers rôles de la vie politique nationale depuis l'avènement de la Vème République, ils sont en perdition. De nouveaux leaders politiques, contestataires pour les uns, populistes pour d'autres, sont désormais écoutés et récoltent de nombreux soutiens populaires. Ce n'est pas anodin. Lorsque ces personnalités politiques obtiennent l'attention de l'électorat, cela signifie que quelque chose ne va pas. Or le constat est implacable : les Français ne croient plus en leurs dirigeants traditionnels. Souvent traités de menteurs, d'incapables, de corrompus ou de manipulateurs, les appellations sont souvent féroces tandis que la charge accusatoire fait oublier que de nombreux hommes et femmes politiques essayent d'œuvrer pour le bien de l'intérêt général. Lorsque le niveau de mécontentement devient élevé, on ne cherche plus à dissocier les bons des mauvais éléments. Tout le monde est placé dans le même panier. C'est ainsi que les partis traditionnellement au pouvoir se retrouvent désavoués. Ce n'est un hasard si le parti Europe Ecologie Les Verts (EELV) a raflé plusieurs grandes mairies françaises lors des dernières élections municipales. De même, Emmanuel Macron est arrivé à point nommé en 2017 lorsqu'il se lança dans la bataille pour la campagne présidentielle. Beaucoup de Français virent en lui celui qui incarnait alors un nouveau souffle, une nouvelle offre politique dans le paysage politique national.

Cinq ans plus tard, il est réélu en qualité de Président de la République française. Il a certes largement remporté son duel face à Marine Le Pen mais la vérité est que beaucoup d'électeurs ont voté pour lui par défaut.

---

d'autres non. D'ailleurs, la liste Nupes avait la particularité de rassembler un éventail élargi de partis politiques de gauche, incluant les socialistes, les communistes, les écologistes ou encore le parti dirigé par Jean-Luc Mélenchon que beaucoup perçoivent comme étant désormais la figure dominante de l'extrême gauche en France.

D'ailleurs, il est manifeste qu'il lui sera difficile d'obtenir une majorité parlementaire dans les semaines qui suivront ce succès électoral. A ce jour, aucun parti politique ne peut raisonnablement miser sur l'obtention d'une majorité parlementaire absolue sans recourir à une alliance avec plusieurs autres partis. C'est dire la profondeur du mal qui ronge l'environnement de la gouvernance politique nationale.

Il m'a semblé pertinent de montrer comment Emmanuel Macron est parvenu en un temps record à bousculer les standards de la vie politique française. En effet, personne ne l'avait vu percer à une telle vitesse. Personne n'avait anticipé le coup de maître qu'il avait soigneusement préparé en 2017 pour la conquête de l'Elysée… mais qui possédait une face cachée encore plus folle : torpiller durablement les partis politiques modérés. En somme, dès 2017, il avait préparé le terrain pour briguer un second mandat… tout en assumant des crises sociales, notamment celles des retraites et des Gilets jaunes, qui lui assurèrent une grande impopularité ! Malgré cela, il a tracé son chemin sans coup férir.

Il fut relativement absent de la campagne présidentielle de 2022. Il annonça sa candidature tardivement et se montra peu lors de la campagne électorale. Certes, l'actualité internationale perturba sans doute son agenda de campagne… Pourtant, tandis qu'on le disait impopulaire et distant par rapport à la campagne électorale, cela ne l'empêcha pas de gagner. Croyez-le, il faut posséder de grandes qualités de stratège pour être convaincu de remporter une échéance électorale nationale en étant aussi critiqué par les Français. Ce n'est pas le fruit du hasard. Tout avait été analysé et calculé en amont.

Qu'on aime le Président de la République ou qu'on le conteste, il faut lui reconnaître cette qualité de maître ès stratégie. En revanche, s'il est un mal dont on parle beaucoup moins, c'est celui de l'avenir politique français. Rien ne garantit à Emmanuel Macron de s'appuyer sur une majorité parlementaire. Au contraire, le scénario d'une cohabitation est crédible autant que celui d'une majorité relative, cas de figure pour lequel il faudrait alors recourir à d'incessantes alliances parlementaires. C'est là que le bât blesse. Techniquement, c'est prévu par la Constitution de la Vème République. Il y a eu des cas de cohabitation par le passé. En clair, c'est le Premier ministre qui pilote l'action gouvernementale. Toutefois, nous n'avons encore jamais connu le cas de figure d'une cohabitation portant sur toute la durée d'un mandat présidentiel. Dans pareil cas, il faudrait sans doute s'interroger sur la pertinence du maintien en l'état de la Constitution du 4 octobre 1958. En effet, cette dernière fut rédigée en vue d'accorder un pouvoir fort au Président de la République. Cela signifiait que le chef de l'Etat s'appuyait naturellement sur une majorité parlementaire.

De nos jours, plus aucune force politique partisane ne semble en capacité de séduire majoritairement l'électorat. Si une majorité parlementaire doit se dégager, cela ne sera rendu possible que par des jeux d'alliance. Rien ne garantit par ailleurs qu'elle soit absolue. Pour ma part, je pars du postulat que les alliances ne sont pas durables.

Une majorité présidentielle relative est un exercice de style difficile à appréhender pour un Président de la République. Si cette majorité n'est pas présidentielle et qu'elle repose sur des alliances qui finissent par se retrouver fragilisées, la France n'en finira pas de sitôt avec le désaveu ou le désamour des électeurs pour leurs élus nationaux. L'élection législative de juin 2022, qu'elle apporte une majorité parlementaire absolue à Emmanuel Macron ou bien qu'elle lui rende la tâche plus difficile avec une cohabitation voire pire s'il obtient une majorité relative, ne fera que confirmer une impression qui ne cesse de grandir : les Français seront plus que jamais à l'écoute des voix qui n'incarnent pas les partis ou les pensées politiques traditionnels et modérés. La France n'est pas encore le bateau ivre de Rimbaud. Il y a bien un capitaine à bord mais elle souffre terriblement du mal de mer.

Introduction

Le 24 avril 2022, à vingt heures précises, les médias mirent fin à un insoutenable suspense : qui d'Emmanuel Macron ou de Marine Le Pen allait recevoir l'insigne honneur de prendre place au palais de l'Elysée pour les cinq années à venir ? Le premier l'emporta. Largement. Pourtant, pendant son premier quinquennat, il fut souvent décrié. Certains l'ont affublé du surnom Jupiter, le dieu des dieux du panthéon romain. On lui reprochait de décider de tout, de n'écouter personne, d'agir avec trop d'autorité. Certains lui reprochaient son arrogance. Pour d'autres, il n'était qu'un donneur de leçons. Les critiques s'accumulaient. Les nuages noirs s'amoncelaient quant à son avenir politique.

Lors de son premier règne, en guise de mise en bouche, il provoqua la réforme des retraites qui lui valut une grande impopularité et surtout la grogne des Français qui descendirent dans la rue. Puis ce fut au tour du mouvement des Gilets jaunes de se faire entendre. Puis survint la crise Covid avec toutes ses fâcheuses conséquences. En cinq ans, le Président sortant s'était attiré les foudres d'une grande majorité de ses compatriotes. On le disait mal-aimé. Malgré une cote de popularité désespérément basse au plus fort de ces crises sociales, cette dernière remonta lentement… mais elle remonta. Puis il réussit à se faire réélire. L'homme était-il donc si insubmersible ?

Emmanuel Macron a gagné parce qu'il était le plus fort. Il a battu Marine Le Pen sans surprise. Après coup, il est certainement aisé de clamer que tout était prévisible et que le Président sortant allait être réélu sans coup férir. C'est la raison pour laquelle il est capital de revenir en arrière, de comprendre comment le paysage politique français n'a jamais digéré l'arrivée tonitruante, sur le devant de la scène, de cet ancien haut fonctionnaire et banquier d'affaires reconverti en homme d'Etat. Jeune, il ne paraissait pas préparé à occuper la plus haute responsabilité étatique en 2017. Il venait de sortir d'une expérience ministérielle mais de là à prendre en main la destinée politique, économique et sociale de la France, le trentenaire d'alors ne semblait pas suffisamment rompu à la vie politique et à ses joutes pour se frotter aux cadors qui rêvaient de conquête de l'Elysée. Non seulement il sut déjouer les pronostics mais il parvint également à pulvériser un à un ses adversaires. Sa victoire de 2017 devait en appeler d'autres. Bénéficiant d'un état de grâce, il s'assura peu après une majorité parlementaire absolue qui lui permit ainsi d'être le véritable patron de la France.

Le premier personnage politique ayant compris l'irrésistible ascension de la tornade Macron fut le Président de la République sortant en personne, c'est-à-dire François Hollande, qui aurait sans doute aimé prolonger son expérience élyséenne et qui se résolut à ne pas se représenter pour le scrutin présidentiel de 2017. C'était déjà un premier signe. De même, Emmanuel Macron bénéficia également de circonstances favorables : son principal adversaire, François Fillon, se retrouva empêtré dans de sales affaires qui ruinèrent sa campagne électorale. Le Penelopegate avait laissé des traces et comme si cela ne suffisait pas, une curieuse affaire de costumes vint l'achever. A l'instar d'une corrida, l'ancien chef du gouvernement qui opéra sous la présidence Sarkozy avait malgré lui enfilé le costume du taureau. Bravant les critiques, il tenta toutefois de résister contre le tourbillon médiatique mais finit par rendre l'âme au terme de l'estocade finale, la mise à mort symbolisée par ces fameux costumes onéreux et généreusement offerts par un homme d'affaires proche de la galaxie Sarkozy. L'homme en question n'avait que peu goûté à des propos tenus par François Fillon à l'encontre de l'ancien Président… Le

Manceau de naissance parvint à remporter en novembre 2016 l'élection primaire au sein du parti républicain. Auréolé d'une majorité confortable, il avait vaincu Alain Juppé et Nicolas Sarkozy. L'élection primaire de ce parti était ouverte à tous. Les Français firent leur choix : exit les anciens poids lourds.

Le malheur des uns faisant le bonheur des autres, les tourments rencontrés par François Fillon furent une véritable aubaine pour Emmanuel Macron qui n'en demandait pas tant. La bête était blessée mais pas encore achevée. D'autres taureaux s'agitaient dans l'arène et semblaient disposer de l'écoute de l'électorat : Jean-Luc Mélenchon et Marine Le Pen. Le premier tour de l'élection présidentielle de 2017 allait donc se jouer entre quatre candidats parmi les onze éligibles. L'un d'eux voyait sa campagne affectée par des affaires dérangeantes qui compromettaient ses chances de succès électoral. C'était sans doute le candidat le plus dangereux mais la gestion de crise relative au Penelopegate et à l'affaire des costumes étant mauvaise, ses chances de figurer parmi les finalistes se réduisirent. Pour Emmanuel Macron, il était donc plus probable d'affronter Jean-Luc Mélenchon ou Marine Le Pen au second tour. Le scénario d'un tour final opposant ces deux personnalités éloignées de la vision politique modérée qui caractérise la France de la Vème République semblait improbable.

Au terme du premier tour, malgré près de 23% [2] de taux d'abstention, le quatuor de favoris concentra près de 85% des suffrages exprimés. Emmanuel Macron arriva en tête avec 24%, suivi par Marine Le Pen avec un peu plus de

---

[2] Note de l'auteur : toutes les sources statistiques sont officielles et proviennent du Conseil constitutionnel ou du ministère de l'Intérieur. Les statistiques faisant l'objet d'une note de bas de page proviennent d'une autre source.

21%. François Fillon et Jean-Luc Mélenchon furent donc mis hors course. Sans surprise, l'ovni Macron remporta le second tour avec une majorité confortable malgré un taux d'abstention supérieur à 25%. La suite est connue. Malgré un taux d'abstention dépassant largement 50% lors des deux tours de scrutin pour les élections législatives, la majorité présidentielle l'emporta confortablement en obtenant trois cent cinquante-six sièges sur les cinq cent soixante-dix-sept en jeu. Le 18 juin 2017, Emmanuel Macron pouvait dès lors s'appuyer sur une solide majorité parlementaire qui lui assurait donc les coudées franches à la tête de la France.

Pendant cinq ans, il s'attaqua à des chantiers politiques qui déplurent. Au regard de son jeune âge, certains le virent comme un dirigeant impétueux mais arrogant. L'état de grâce passé, beaucoup d'électeurs commencèrent à manifester leur déception. Sa communication fut de moins en moins appréciée. A contrario, les Français soutenaient de plus en plus le Premier ministre Edouard Philippe qui affronta les grandes tempêtes sociales de l'actualité française. Lorsqu'il s'exprimait, les Français comprenaient. Il parlait simplement. Il répondait aux questions sans langue de bois, avec assurance mais sans arrogance. Ainsi, la popularité du nouveau Président de la République s'étiolait… En réalité, il n'a jamais été aussi fort.

Avec le temps, on oublie souvent des petites choses qui ont leur importance. Lorsque Emmanuel Macron créa La République En Marche (LREM), certains y virent un mimétisme avec la montée en puissance du Mouvement 5 Etoiles en Italie, force politique qui émana d'un humoriste célèbre dans la Grande Botte, Beppe Grillo. Ce dernier se retira lorsqu'il fallut appréhender des questions sérieuses de politique. C'est alors qu'émergea la jeune promesse Luigi di Maio. Or ce dernier se retrouva vite esseulé, manquant cruellement d'autres figures emblématiques autour de lui. Cela n'empêcha pourtant pas ce nouveau parti politique de percer en Italie. La raison en est simple : face à la déception de l'électorat vis-à-vis des partis modérés traditionnels de gauche et de droite, ce mouvement connut un véritable élan de sympathie de même que l'extrême droite italienne s'affirma sous la férule de Matteo Salvini et de sa Lega. D'ailleurs, ces tendances ne firent que se confirmer. Lorsque Giuseppe Conte devint le Président du Conseil des ministres en 2018, il lui fallut composer un gouvernement de coalition mêlant le Mouvement 5 Etoiles et la Lega. Si cette coalition s'avéra instable, le parallèle avec l'univers politique français n'en demeure pas moins saisissant. Les partis traditionnellement au pouvoir ont été mis de côté.

Pour LREM, il y a une logique symétrique dès lors qu'Emmanuel Macron incarne la figure emblématique du mouvement, comme s'il y avait lui et le reste du monde. Deuxièmement, il porta un coup dur aux partis modérés traditionnels. François Hollande ne se représentant pas, Benoît Hamon remporta l'investiture socialiste. Il récolta à peine plus de 6% des suffrages exprimés au premier tour de l'élection présidentielle. Un camouflet. Chez Les Républicains, nous avons déjà vu ce qui fit défaut à François Fillon pour le premier tour de scrutin… mais nous n'avons pas encore évoqué les maux profonds qui sclérosaient déjà l'avenir politique du parti. Nous y reviendrons plus tard. Quant au centre, il ne se mêlait déjà plus des joutes présidentielles depuis 2012. En 2007, François Bayrou arriva en troisième position du premier tour avec 18,5% des suffrages exprimés, loin des deux finalistes que furent Nicolas Sarkozy et Ségolène Royal. Toutefois, il estima le résultat suffisamment encourageant pour créer dans la foulée le MoDem. En 2012, il retenta sa chance. Avec à peine plus de 9% des voix exprimées, il arriva en cinquième position du premier tour. Ses ambitions présidentielles s'envolèrent à jamais. En 2022, les camps socialiste et républicain dépassèrent péniblement, scores cumulés, 6% au premier tour de l'élection présidentielle. Ces résultats ne sont pas le fruit du hasard.

Emmanuel Macron est arrivé dans le paysage politique national à un moment propice pour faire entendre de nouvelles voix. Voyant les partis traditionnels décliner auprès de l'électorat, il incarnait ce souffle nouveau que les Français attendaient, beaucoup étant déçus par les poids lourds traditionnels. Celui qui quitta Bercy pour se consacrer à sa campagne électorale vit une opportunité : profiter de l'influence déclinante des partis traditionnels et de la montée en puissance ou de la confirmation de forces politiques populistes ou contestataires pour s'ériger en représentant d'une nouvelle approche modérée de la politique nationale. Lorsqu'il arriva en tête du premier tour de l'élection présidentielle de 2017, il n'avait plus qu'à transformer l'essai. Bien qu'une campagne électorale ne doive jamais être considérée comme devant assurément mener à la victoire, en affrontant la candidate du Front National (qui devint le Rassemblement National en 2018), il savait que les Français hésiteraient avant de donner leur voix pour l'extrême droite lors du deuxième tour. Il remporta ainsi cette élection avec un écart conséquent. Il fallait ensuite s'assurer une majorité parlementaire, ce qu'il obtint quelques semaines plus tard. Il pouvait désormais s'asseoir sur une fondation solide. Pour autant, le travail de sape n'était pas encore achevé.

Première élection, vent nouveau. Lorsqu'on évoque un état de grâce présidentiel, il faut considérer les semaines qui suivent l'élection. Le nouveau chef de l'Etat est alors auréolé d'une popularité maximale. La raison est simple : il n'a pas encore eu le temps de décevoir ! Cette popularité se prolonge généralement jusqu'au mois de septembre. C'est alors la rentrée, à tous les niveaux. Les enfants retournent à l'école. Quant aux adultes, c'est également la fin des vacances pour une grande majorité d'entre eux. C'est en septembre que les mauvaises nouvelles commencent à être annoncées. Dès lors, la cote de popularité présidentielle baisse. Pour un Président de la République française, il est important de faire passer les dossiers épineux le plus rapidement possible en début de mandat. C'est ainsi que le dernier trimestre de la première année d'exercice d'un quinquennat est généralement le moment choisi pour s'aventurer sur le terrain des contestations populaires. Emmanuel Macron n'a pas échappé à cette règle. En revanche, il était entre temps parvenu à semer davantage la pagaille chez ses concurrents, notamment au sein du parti républicain, en proposant des portefeuilles ministériels à plusieurs personnalités de droite. Edouard Philippe fut nommé à Matignon et Bruno Le Maire à Bercy. Ces derniers furent considérés comme des traîtres opportunistes chez Les Républicains. Toutefois, ils n'avaient fait qu'accepter une proposition répondant à une volonté de gouvernement élargi. En somme, en se voulant fédérateur et ouvert au débat en s'adjoignant les services de personnalités venant d'autres courants politiques, Emmanuel Macron mit en pratique un exercice dans lequel il excellait déjà : le torpillage. Il toucha puis coula ses adversaires.

Dès 2017, le Président élu avait commencé à mettre en place une stratégie qui allait toujours plus précipiter les poids lourds traditionnels de la politique française vers les ténèbres. Il était parvenu à avoir pour principaux adversaires La France Insoumise et le Rassemblement National.

En dépit d'une impopularité croissante voire record en fin d'année 2018, il a surtout réussi à faire en sorte que les forces modérées ne se relèvent pas et que les Français se montrent encore hésitants à voter massivement pour les partis menés par Jean-Luc Mélenchon et Marine Le Pen. La déception des Français s'est manifestée au travers des votes contestataires lors des différentes élections qui animèrent la vie politique française ainsi que par les taux d'abstention qui connaissent depuis lors des sommets de popularité. De même, lorsque lors des dernières élections municipales de 2020 il s'avéra que LREM n'avait conquis aucune des dix plus grandes municipalités de France, on annonça une bérézina pour Emmanuel Macron. Il fallait peut-être analyser cette échéance électorale autrement : en ne ravissant aucune responsabilité au sein de ces municipalités, le grand gagnant n'était-il tout simplement pas Emmanuel Macron en personne ? Après tout, à défaut d'avoir remporté de grandes municipalités, il n'en perdit aucune !

Tout au long de cette réflexion, la thèse défendue sera celle tendant à montrer que le vainqueur de 2017 avait construit son succès en vue de conserver ses chances de réélection pour 2022. Il a réussi le tour de force d'être réélu malgré les critiques. Il a relevé le défi. Toutefois, une autre question se pose. Il a certes été reconduit dans ses fonctions présidentielles pour cinq années. Pour autant, rien ne lui garantit de conserver une majorité au sein de l'Assemblée nationale. Contrairement à 2017, il ne bénéficiera pas d'état de grâce en 2022. D'autre part, dès l'annonce de sa victoire, ses adversaires politiques ont commencé à négocier des alliances. Cela démontre surtout une chose ; cette frénésie pour les alliances expose une réalité : aucune force politique française n'est capable d'obtenir une majorité parlementaire sans alliance. Trois conclusions s'imposent. Premièrement, en cas de défaite électorale aux législatives, Emmanuel Macron serait contraint de gouverner dans un climat de cohabitation. Or ce n'est pas l'esprit de la Constitution française d'octobre 1958, celle qui institua la Vème République... Deuxièmement, si une alliance devait obtenir la majorité absolue des sièges au sein du palais Bourbon, il faut garder à l'esprit qu'une alliance demeure toujours fragile. En d'autres termes, c'est l'action gouvernementale qui s'en retrouverait possiblement affectée. Troisièmement, le pire des scénarii serait une majorité relative, une majorité relativement éloignée de la majorité absolue. Ce serait l'hypothèse la plus difficile à appréhender car au regard des alliances en vigueur et des doutes relatifs à leur solidité dans le temps, il se pourrait alors que la France devienne ingouvernable.

Le 19 juin 2022, les Français accordèrent une majorité parlementaire à Emmanuel Macron. Elle n'était que relative et surtout éloignée d'une majorité absolue. Il faudrait donc tout le temps négocier, si tant est que cela soit rendu possible car les animosités post-électorales ne laissaient pas présager un quelconque esprit de concorde entre les différents grands groupes parlementaires de la prochaine législature à venir.

La France est malade. Elle a porté au pouvoir un homme dont elle n'est pas éprise. En même temps, elle ne voulait pas accorder sa confiance à l'extrême droite. Entre les absentéistes et ceux qui ont voté en faveur d'Emmanuel Macron pour faire barrage à Marine Le Pen, les vrais partisans du Président réélu ne sont pas si nombreux. Ils l'étaient suffisamment pour assurer sa présence au second tour de l'élection présidentielle. Cette victoire du 24 avril n'avait rien d'un triomphe. D'ailleurs, le principal intéressé en était conscient. Lors de sa première allocution survenue dans la soirée au Champ de Mars, la célébration de la victoire fut modeste. Quant à sa présence, elle fut brève. Il ne s'éternisa pas. Dans un contexte global encore plus complexifié par la crise ukrainienne, le cœur n'était pas à la fête. D'autres difficultés attendaient désormais celui qui venait de gagner le droit de prolonger son bail au palais de l'Elysée jusqu'en 2027.

Un verdict attendu au premier tour

Le 10 avril 2022 restera une date majeure de la vie politique française. Le premier tour de l'élection présidentielle rendit son verdict. Pour le second scrutin présidentiel consécutif, aucun parti modéré et traditionnel ne figurait au second tour. Ce scénario bis repetita de 2017 a pourtant une autre saveur. Premièrement, tandis qu'il était annoncé légèrement favori, le Président sortant Emmanuel Macron est arrivé en tête des suffrages exprimés. Deuxièmement, Marine Le Pen a confirmé une fois de plus que le Rassemblement National qu'elle préside est un des poids lourds actuels de la vie politique française. Troisièmement, les partis modérés de gauche, du centre et de droite ont connu un véritable naufrage dont il leur sera difficile de se relever. C'est probablement ce troisième point qui interpelle le plus car les candidatures d'Anne Hidalgo pour le Parti Socialiste et de Valérie Pécresse pour Les Républicains ont, scores cumulés, à peine dépassé 6% des suffrages exprimés. C'est du jamais vu en France. Plusieurs enseignements sont donc à tirer de ce premier tour. Pourtant, à l'exception de l'ampleur de la déroute socialiste et républicaine, tout était déjà écrit. Il est facile d'affirmer cela après coup mais il existe de nombreuses explications qui laissaient entendre que les partis modérés traditionnels seraient boudés par une grande majorité des électeurs. Pour des raisons d'agenda présidentiel surchargé eu égard notamment aux graves événements survenant en Ukraine, Emmanuel Macron a été peu présent pendant sa campagne électorale en vue du premier tour de scrutin. On le dit impopulaire. Les Français n'apprécient pas beaucoup sa communication. Pourtant, il avait soigneusement préparé le terrain de sa réélection dès 2017. Son arrivée fulgurante sur la scène politique nationale a été préjudiciable pour de nombreux acteurs politiques. Le premier qui le comprit fut François Hollande en personne. Il avait la légitimité de vouloir briguer un second mandat présidentiel mais l'étoile filante avait méticuleusement placé ses pions sur l'échiquier pour cibler l'Elysée et l'atteindre. Il préféra se retirer de la course à la présidentielle.

Emmanuel Macron a fait très fort. Après avoir anéanti les espoirs de réélection de François Hollande, il torpilla véritablement le paysage politique français, ou du moins les partis modérés, en vue de n'avoir à affronter que les candidats dits populistes ou aux extrêmes, à savoir Jean-Luc Mélenchon et Marine Le Pen. Il bénéficia certes de circonstances favorables qui lui « facilitèrent » le travail. François Fillon, ancien chef du gouvernement français sous Nicolas Sarkozy, fut rattrapé par des scandales qui détruisirent ses espoirs de victoire. Au-delà de ces affaires pénalisantes, il fallait surtout opérer les bonnes analyses. Le camp républicain n'est jamais parvenu à retrouver une personnalité qui fasse autorité et prenne la succession de Nicolas Sarkozy. L'héritage était trop lourd à porter. L'exemple de 2022 est encore plus frappant puisque sur les cinq candidats à la primaire républicaine au premier tour, les quatre premiers se tinrent en un mouchoir de poche. Valérie Pécresse l'emporta de peu devant Eric Ciotti. Cela montrait surtout qu'aucune figure républicaine ne se dégageait véritablement au sein des partisans. Autrement dit, personne ne sortait du lot. Cela n'augurait pas pour autant que la candidate républicaine obtînt moins de 5% des suffrages exprimés le 10 avril 2022.

Le 24 avril 2022, la France devait choisir entre Emmanuel Macron et Marine Le Pen. L'entre-deux tours symbolise cette période cruciale où les rivalités de toujours s'effacent au profit des alliances, des reports de voix, des règlements de compte et autres actions de mobilisation ou de démobilisation qui génèrent des conséquences notamment pour les grands perdants du premier tour. Il subsiste une certitude : en cas de nouvelle victoire, le Président Macron ne pourra pas briguer de troisième mandat consécutif. En 2027, il y aura assurément un nouveau chef d'Etat en France. Quant à 2022, une nouvelle question se pose : quid des élections législatives qui suivront l'échéance présidentielle ? Il est tout à fait possible que le vainqueur du second tour présidentiel ne soit pas suivi par une majorité parlementaire. En l'occurrence, il faudrait alors s'interroger sur le fait que la Constitution de 1958 soit encore adaptée à la réalité de la vie politique française. Ce point sera abordé dans une autre partie.

Dans une ambiance électorale curieuse car partiellement éclipsée par l'actualité de la guerre en Ukraine, la multiplication des candidatures validées par le Conseil constitutionnel pour le premier tour devait jouer en faveur d'Emmanuel Macron. Il existe en effet une règle d'or pour laquelle l'électeur choisit au premier tour et élimine au second. En d'autres termes, plus il y a d'offre électorale au premier tour et plus le vote a de chances d'être dilué. Il y a toujours deux, trois voire quatre candidats qui se détachent et qui obtiennent le gros des voix exprimées. Le reste prend les voix qui font par conséquent défaut aux favoris. Cela a des incidences. En effet, malgré son impopularité apparente [3], Emmanuel Macron est parvenu à arriver en tête des suffrages exprimés au soir du premier tour. Ce succès est à relativiser car il n'a pas survolé les débats. Un peu moins de cinq points le séparaient de Marine Le Pen. En ayant obtenu 27% des suffrages exprimés, il n'a séduit qu'un votant sur quatre. Lorsqu'on considère l'ensemble des Français

---

[3] Note de l'auteur : le Président Macron était dit impopulaire car faisant l'objet de nombreuses critiques. Toutefois, des études montraient que les opinions étaient plutôt favorables lorsque les Français devaient répondre à la question « Diriez-vous qu'Emmanuel Macron est un bon Président ? ». Or les résultats s'avérèrent flatteurs pour ce dernier lors des derniers mois de son premier quinquennat.

inscrits sur les listes électorales, seul un inscrit sur cinq a choisi Emmanuel Macron au premier tour. Exprimé autrement, quatre sur cinq n'en ont pas fait leur premier choix. Cela soulève un sacré casse-tête de légitimité. Le Président sortant a effectivement et légalement gagné son droit à concourir pour le second tour. Toutefois, considérant l'hypothèse d'une victoire finale, seuls 20% des Français jouissant de leurs droits civiques avaient initialement porté leur dévolu sur le vainqueur du second tour. Une telle statistique donne le tournis. Certes, l'imposante offre électorale du premier tour a effectivement influencé les scores plutôt bas obtenus par les deux finalistes. A eux deux, ils n'ont obtenu que 51% des suffrages exprimés… et moins de 37% des voix des inscrits. Ainsi, deux tiers des Français en âge de voter ne voulaient initialement d'aucun des deux finalistes.

Une fois de plus, plus le nombre de candidats au premier tour est élevé et plus grandes sont les chances de voir les votes dispersés. De manière générale, depuis l'avènement de la Vème République, à l'exception des trois premières élections présidentielles, toutes ont eu un minimum de neuf candidats concourant au premier tour. La multiplicité des candidatures serait donc l'argument justifiant la dilution des votes et l'obtention de scores relativement bas pour les deux finalistes ? Non. Cela n'a pas toujours été le cas. En 1974, Valéry Giscard d'Estaing et François Mitterrand avaient récolté plus de 75% des votes exprimés au premier tour malgré dix autres candidats en course pour l'accès à la finale. D'ailleurs, celui qui fut élu en 1981 remporta ce premier tour avec onze points d'avance sur son challenger qui finit par renverser la tendance quelques jours plus tard.

En 1981, on reprit les mêmes et on recommença. Valéry Giscard d'Estaing et François Mitterrand s'affrontèrent à nouveau. Le duel entre les deux hommes fut de haute volée. Le premier accusa son adversaire d'être un homme du passé. Touché. Le second lui rétorqua qu'il préférait être un homme du passé plutôt que l'homme du passif. Coulé. La France sortait d'un septennat giscardien qui marquait essentiellement la fin des Trente glorieuses. Beaucoup d'électeurs, sans doute déçus, ne votèrent pour aucun de ces deux hommes au premier tour de l'échéance présidentielle de 1981. A eux deux, ils récoltèrent 54% des suffrages exprimés, bien loin des 75% obtenus sept ans plus tôt. De même, le taux d'abstention au premier tour avait progressé de trois points entre 1974 et 1981 pour les inscrits sur les listes électorales.

L'élection présidentielle de 1981 marqua un tournant dans la vie politique française. Ce fut la première fois qu'un homme de gauche fut amené à présider la France sous la Vème République. Ce fut sous ce septennat que le pays connut sa première expérience de cohabitation entre 1986 et 1988. C'est surtout à partir de cette élection présidentielle que le taux d'abstention connut une véritable envolée pour être généralement supérieur à 20% au premier tour. 2007 fit office d'exception avec un taux de participation étonnamment élevé. Les Français avaient paru marqués par la présence du Front National au second tour de 2002. C'est peut-être ce qui les poussa vers les bureaux de vote lors des deux tours de scrutin. Depuis 1988 et la réélection de François Mitterrand, plus aucun candidat n'avait obtenu plus de 30% des suffrages exprimés au premier tour d'une échéance présidentielle, à l'exception de Nicolas Sarkozy, en 2007, qui avait culminé à 31%. Quant à François Mitterrand, en 1988, son score élevé du premier tour, plus de 34% des suffrages exprimés, avait probablement été « dynamisé » par l'expérience alors inédite de la cohabitation avec le gouvernement Chirac.

Cette dernière fut qualifiée par certains d'hyperconflictuelle et joua en défaveur de Jacques Chirac.

Il semble révolu le temps où les grandes figures partisanes rassemblaient derrière elles et obtenaient des scores élevés qui leur conféraient un autre niveau de légitimité puisque les soutiens exprimés dans les urnes étaient nombreux. C'était également l'époque où l'écart entre le premier et le second ou entre les deux finalistes et les autres candidats au premier tour était abyssal. En 2002, le taux d'abstention atteignit un record retentissant au premier tour puisqu'il dépassa 28% des inscrits. Il fallait ajouter plus de 3% de votes blancs ou nuls chez les votants. Jacques Chirac arriva en tête à l'issue du premier tour avec moins de 20% des suffrages exprimés. Cette configuration montra surtout le ras-le-bol des Français qui, lors des trois derniers septennats écoulés avaient connu trois périodes de cohabitation. Les deux premières durèrent deux ans et la troisième, celle initiée en 1997, dura cinq ans. Ce fort mécontentement se matérialisa avec la présence du Front National au second tour, ce qui eut pour conséquence d'éliminer le Parti Socialiste et Lionel Jospin de la course au titre… Le choc était tel qu'une mobilisation inédite prit forme en France pour s'opposer à une victoire finale de l'extrême droite… et permit à Jacques Chirac de pulvériser le record de l'écart le plus conséquent entre les deux finalistes du second tour. Il récolta plus de 82% des suffrages exprimés. Ce score stalinien n'était qu'anecdotique. Petit à petit, les partis modérés français voyaient leur popularité décliner pour laisser d'autres forces politiques percer. En 2007 puis en 2012, il y eut bien un affrontement final opposant la droite modérée à la gauche modérée mais depuis lors, tous deux ont volé en éclat.

Lorsque les Français manifestent leur mécontentement, ils écoutent plus volontiers les figures politiques qui sortent des rangs traditionnellement modérés. Ce fut déjà le cas sous les IIIème et IVème Républiques. Ces régimes parlementaires furent caractérisés par une valse incessante de chefs de gouvernement désavoués par le Parlement. Cela mena à une instabilité chronique des institutions exécutives nationales. D'autre part, les leaders populistes eurent leurs moments de gloire lors de périodes compliquées pour la vie sociétale française. Nous pouvons citer l'affaire Dreyfus qui divisa profondément la France à la fin du XIXème siècle ou encore la guerre d'Indochine pendant laquelle le poujadisme connut une popularité inédite. Ces mouvements ne devaient jamais connaître de popularité s'inscrivant longuement dans la durée. Or ce n'était plus le cas dans les années 2010.

En 2012, le Président sortant Nicolas Sarkozy et François Hollande se tinrent dans un mouchoir de poche à l'issue du premier tour. Le premier accusa alors un retard d'un point et demi par rapport aux 28,6% obtenus par son adversaire socialiste. Qui arriva troisième ? Marine Le Pen avec moins de 18% des suffrages exprimés. L'écart entre les deux premiers et la candidate du Front National était alors conséquent. Jean-Luc Mélenchon « scora » 11% des votes exprimés. Considérant ces votes cumulés à ceux de l'extrême droite, les numéros trois et quatre de la course à la présidentielle cumulèrent malgré tout 29% des votes exprimés au premier tour. En 2017, à eux deux, ils concentrèrent plus de 40% des votes exprimés. Conséquence directe : exit le Parti Socialiste et Les Républicains du tour final. C'était inédit. Bis repetita en 2022 : leur progression passa à 45% des votes obtenus au premier tour. C'était une nouvelle fois suffisant pour écarter la droite républicaine et la gauche socialiste des débats du second tour. Cette fois, il s'agissait non seulement d'une confirmation mais également d'une gifle monumentale au regard des scores historiquement bas glanés par Valérie Pécresse et Anne Hidalgo.

Entre 2012 et 2022, l'évolution du vote des Français est manifeste. C'est une tendance observable qui n'a fait que confirmer l'effacement progressif des grandes forces politiques de naguère au profit d'autres mouvements pourtant moins modérés. Deuxièmement, tant en 2017 qu'en 2022, le candidat Emmanuel Macron n'a jamais écrasé les débats au premier tour. Dans les deux cas, il est arrivé en tête à l'issue du premier tour tout en disposant d'un avantage de moins de trois points d'écart avec Marine Le Pen en 2017 et de plus de quatre points et demi en 2022. Toutefois, s'il est une évolution positive pour le Président sortant, il a obtenu le 10 avril dernier un peu plus d'un million de suffrages exprimés de plus qu'il y a cinq ans. Cela étant, la répétition du scénario de 2017 n'a rien de surprenant. Il était quasiment certain que le premier tour se jouerait entre Emmanuel Macron, Marine Le Pen et Jean-Luc Mélenchon. Il n'était pas impensable que le leader de La France Insoumise pût atteindre l'insigne honneur de contester la victoire finale en ralliant le second tour. En revanche, il n'était pas impossible d'avoir un affrontement final Le Pen - Mélenchon. L'action du Président Macron dans la gestion de la crise ukrainienne a finalement eu pour effet de lui accorder une image favorable croissante aux yeux des Français. Cela a sans doute joué en sa faveur et contribué à assurer sa place au second tour. Mieux, il est arrivé premier, comme en 2017. L'essentiel était assuré pour lui. Il avait gagné le droit d'affronter Marine Le Pen pour un nouveau duel final.

En attendant, les résultats définitifs du premier tour électoral ont confirmé une tendance : le vote contestataire connaît une évolution croissante observée sur plusieurs élections présidentielles et devrait pousser les partis dits modérés à s'interroger. Pourquoi les Français se détournent-ils autant d'eux ? L'heure de la remise en question a définitivement sonné.

La réélection d'Emmanuel Macron : une victoire aux problématiques multiples

Le 24 avril 2022, à vingt heures précises, le nom du vainqueur de l'élection présidentielle fut annoncé. Emmanuel Macron remporta le scrutin avec un peu plus de 58% des voix obtenues parmi les électeurs qui n'avaient pas voté nul ou blanc. La victoire ne pouvait qu'être modeste. Deux semaines plus tôt, à l'annonce des résultats du premier tour et l'affirmation d'un duel final Macron - Le Pen, des sondages indiquèrent alors une victoire du Président sortant d'une courte tête… ce qui ne fut pas le cas puisque l'écart entre les deux candidats excéda seize points. Pourtant, désireux de partager sa victoire avec ses partisans sur le Champ de Mars à Paris, celui qui est reparti pour une expérience exécutive renouvelée pour cinq ans ne s'éternisa pas. L'ambiance n'était pas à la fête. Il n'y avait pas lieu de célébrer outre mesure une victoire électorale qui cache en vérité de nombreuses interrogations. Contrairement à sa victoire éclatante de 2017, Emmanuel Macron ne bénéficiera cette fois-ci pas d'un état de grâce qui caractérise la popularité d'un Président élu lors des semaines qui suivent son élection. En règle générale, cette popularité maximale commence à s'étioler à la rentrée scolaire de septembre, une fois que la majorité des Français a profité de vacances estivales et que les premières mauvaises nouvelles de gouvernance sont annoncées.

Le Président Macron a gagné, sans surprise, mais il n'oublie pas qu'il a été largement décrié. Si ses efforts diplomatiques pour éviter la guerre en Ukraine lui assurèrent un regain de popularité en France, il était devenu impopulaire au fil du temps. En un quinquennat, il eut à gérer plusieurs crises de grande ampleur : une réforme des retraites houleuse, les Gilets jaunes puis la crise Covid avec tous les désagréments sanitaires, économiques et sociaux qu'elle a pu générer. Là où en 2017 il débarla sur l'Elysée avec l'étiquette d'un homme politique appuyé par un soutien populaire important, laissant augurer l'obtention d'une majorité parlementaire absolue quelques semaines plus tard, le son de cloche est différent en 2022. Rien ne lui garantit d'obtenir cette fameuse majorité au sein de l'Assemblée nationale. D'ailleurs, les grandes manœuvres ont commencé dès l'annonce de sa victoire présidentielle. Aucun parti politique français ne semble actuellement en capacité de pouvoir obtenir une majorité de députés sans recourir à une alliance. Le Président Macron en a conscience. Il sait qu'il n'a aucune assurance de ravir le sésame qui lui permettrait d'être le véritable patron de l'action exécutive nationale. En cas de cohabitation, le véritable dirigeant exécutif de la France serait alors le Premier ministre. Et que dire en cas de majorité relative ? Un tel cas de figure aurait de grandes chances de perturber l'action exécutive et législative et peut-être même de précipiter la France vers une crise politique de premier ordre.

A quelques semaines de l'échéance législative, le scénario d'une cohabitation est plus que jamais crédible. Celui d'une majorité relative l'est tout autant. Ils le sont d'autant plus que les règles électorales diffèrent de celles d'un scrutin présidentiel. En l'occurrence, si le taux d'abstention n'impacte pas une élection présidentielle outre mesure dans le sens où la majorité l'emporte, le scrutin pour les législatives prend en considération les non-votants. En effet, pour pouvoir participer au second tour de scrutin d'une circonscription où aucun candidat n'obtient la majorité absolue, il faut qu'un candidat récolte a minima 12,5% qui se comptent à partir du nombre des inscrits sur les listes électorales de la circonscription. Autrement dit, plus le taux d'abstention est élevé et plus rares sont les candidats présents au second tour électoral.

Considérant ces règles électorales, l'enjeu pour la prochaine échéance électorale est d'autant plus grand que le vote au premier tour de l'élection présidentielle fut marqué par un taux d'abstention élevé (plus de 26% et de nombreux bulletins blanc). Quant aux votes soutenant un candidat, ils furent très épars puisque le Président sortant arriva en tête en n'obtenant que 27,85% des suffrages exprimés... ce qui représenta 20,07% des électeurs inscrits sur les listes électorales. Cela signifie que le vainqueur final n'était approuvé que par un électeur inscrit sur cinq au premier tour. Cela signifie surtout que quatre électeurs inscrits sur cinq ne lui accordaient pas leur préférence. Dès lors, Emmanuel Macron a évidemment compris qu'il ne pourrait pas miser sur une phase d'euphorie collective pour espérer ravir l'Assemblée nationale avec une majorité absolue.

L'élection législative risque de mettre en lumière les grands maux de la République. Pas de parti politique véritablement dominant. Des alliances nécessaires pour composer une majorité parlementaire. Par alliance, il faut sous-entendre une fragilité de l'équilibre parlementaire. L'élection législative va sans doute, une fois de plus, livrer une composition de l'Assemblée nationale qui ne reflètera pas fidèlement les choix des Français en raison de l'absence d'une prise en compte proportionnelle des votes exprimés. Il n'y a qu'un seul vainqueur par circonscription. Celui qui obtient le plus de voix l'emporte. Certes. Mais le problème se pose lorsqu'un parti politique se retrouve sous-représenté dans l'hémicycle tandis qu'il compte parmi les grandes forces politiques nationales... et qu'il obtient d'importants résultats lors des élections législatives tout en ne parvenant pas à obtenir les sièges qui correspondent à sa véritable popularité électorale. A contrario, des partis obtenant des scores bas parviennent malgré tout à avoir des députés voire à pouvoir constituer un groupe parlementaire alors qu'à l'échelle nationale, le parti ne récolte plus que des voix minoritaires lors des échéances électorales nationales, régionales ou locales. Un des problèmes des élections législatives porte sur le découpage des circonscriptions qui fut réalisé et par ailleurs refait pour contrarier la montée en puissance de l'extrême droite française. Or, ce qui fut naguère le Front National et se dénomme désormais le Rassemblement National n'est plus un acteur secondaire du paysage politique français. Marine Le Pen a récolté plus de 41% des votes exprimés au second tour de l'élection présidentielle. Elle « scora » 33,90% en 2017. Elle a ainsi progressé de plus de sept points en cinq ans.

Plus intéressant encore, lorsqu'on comptabilise les pourcentages obtenus par Emmanuel Macron en 2017 et en 2022 au regards des électeurs inscrits, ceux-ci ont évolué à la baisse en passant de 43,61% à 38,52%. En d'autres termes, près de deux tiers des Français inscrits sur les listes électorales n'ont pas porté leur dévolu sur le vainqueur final. Cela en dit long sur les difficultés qui attendront ce dernier pour les cinq prochaines années. C'est également la raison pour laquelle il n'a absolument pas l'assurance de gouverner avec l'appui d'une majorité parlementaire. Il n'est pas populaire ou du moins pas suffisamment pour espérer s'appuyer sur une majorité absolue. Quant à Marine Le Pen, lorsqu'on se réfère aux pourcentages mentionnés ci-dessus, elle a progressé. Elle est effectivement passée de 22,36% à 27,28%. Nous sommes loin du temps où son père fut à l'origine du tremblement de terre du 21 avril 2002 lorsque pour la première fois sous la Vème République, un parti d'extrême droite obtint le droit de concourir pour la conquête de l'Elysée à l'issue du premier tour de scrutin. Le Parti Socialiste, représenté par Lionel Jospin, venait d'essuyer une cuisante défaite. Cela provoqua aussitôt le retrait de la vie politique de l'ancien Premier ministre sous la présidence Chirac. Le traumatisme fut tel qu'une mobilisation sans précédent s'organisa pour faire barrage à une victoire de Jean-Marie Le Pen. Jacques Chirac fut réélu en écrasant son adversaire qui convainquit moins de 18% des votants. L'ambiance de l'entre-deux-tours fut particulière. Rares furent ceux qui s'attendaient à une présence de l'extrême droite au second tour. D'ailleurs, l'émission satirique des *Guignols de l'info* en fut un parfait exemple en apportant son soutien explicite à Jacques Chirac pour le second tour, celui-ci étant devenu « super sauveur » tandis qu'avant le premier tour, il était dépeint comme « super menteur ». Ce temps est révolu. L'extrême droite a non seulement progressé mais elle s'est installée comme la principale force d'opposition politique en France. La présence de Marine Le Pen au second tour des élections présidentielles de 2017 et de 2022 ne relève pas du hasard. Enfin, sa double confrontation face à Emmanuel Macron marque aussi un autre tournant : la mise à l'écart des partis modérés traditionnels. Le Parti Socialiste et Les Républicains viennent de connaître une stupéfiante humiliation. Pourtant, l'un et l'autre obtiendront assurément davantage de députés à l'Assemblée nationale que le Rassemblement National. [4]

Au soir du second tour électoral pour les législatives, il ne fait guère de doute que le parti présidé par Marine Le Pen obtiendra un nombre conséquent de voix. Il fera probablement partie des trois partis politiques les plus sollicités par les électeurs. Pourtant, le nombre de représentants au palais Bourbon ne sera vraisemblablement pas fidèle au poids des voix exprimées en France. La raison

---

[4] Note de l'auteur : ce chapitre fut rédigé avant la tenue des élections législatives. Il s'avéra que le Rassemblement National obtint davantage de sièges que Les Républicains et le Parti Socialiste. Ce cas de figure inédit n'était pas prévu après le premier tour des élections législatives puisque les estimations accordaient entre dix et vingt-cinq sièges au Rassemblement National, parti généralement sous-représenté dans l'hémicycle en raison du scrutin majoritaire qui le pénalise d'ordinaire.

en est simple : le scrutin majoritaire au regard du découpage des circonscriptions. En 2017, au second tour des législatives, pour donner un exemple, le Parti Socialiste récolta à peine plus d'un million de voix en France contre un million six cent mille pour le Front National. Le parti de la gauche modérée parvint à conquérir trente sièges à l'Assemblée contre huit pour l'extrême droite. Le Parti Communiste Français réussit à ravir dix sièges en obtenant huit fois moins de voix que le Front National au niveau national. Ce ne sont là que des exemples. Toutefois, beaucoup de Français ne comprennent pas que leurs voix ne soient pas davantage prises en compte lors des élections. Cela est particulièrement vrai pour les électeurs du parti incarnant l'extrême droite française tandis que sa popularité nationale ne cesse de croître.

Le Président Macron a parfaitement compris que sa victoire ne souffre d'aucune contestation mais qu'elle mérite réflexion. Le taux d'abstention observé lors des deux tours est un élément inquiétant dans la mesure où il a atteint des taux élevés quelle que soit l'échéance électorale. C'est pour la présidentielle qu'il est le moins prononcé mais d'une manière générale, l'abstention est un signe de contestation ou de désintérêt pour la vie politique locale, régionale ou nationale. On ne vote pas car on ne fait plus confiance à des gens qui ne tiennent pas leurs engagements une fois élus. Pour certains scrutins, l'abstention atteint cinquante voire soixante pourcents. En somme, plus d'un Français inscrit sur les listes électorales sur deux ne vote pas. Il est entendu que le candidat qui récolte le plus de voix remporte une élection, quel que soit le taux de participation. En revanche, lorsque ce dernier est bas, il se pose alors la question de la légitimité du vainqueur s'il s'avère qu'il ait gagné tandis que la majorité des inscrits n'a pas daigné se déplacer aux urnes pour diverses raisons.

Plus globalement, lors de l'élection présidentielle de 2022, la percée de l'extrême droite en France (il convient d'inclure la candidature d'Eric Zemmour) et de La France Insoumise menée par Jean-Luc Mélenchon interpellent d'autant plus que ces tendances politiques ne sont pas des factions modérées. Or elles ont totalisé 52,17% des suffrages exprimés au premier tour. Cela en dit long sur l'agacement ou la colère des électeurs à l'encontre des partis traditionnels et modérés qui, pour le coup, ont obtenu des résultats désastreux, notamment pour ce qui est du Parti Socialiste et Les Républicains. Emmanuel Macron a conscience de cette réalité électorale qui n'a rien d'une expression ponctuelle de mécontentement. En effet, en 2017, Jean-Luc Mélenchon avait rallié 19,58% des votes exprimés. Cumulés à ceux de Marine Le Pen, ils atteignirent alors plus de 40%. Cette tendance s'est accrue en 2022. Ce n'était pas par hasard si le leader de La France Insoumise, dès l'annonce de la victoire d'Emmanuel Macron le 24 avril, avait fait cette proposition de devenir son futur chef du gouvernement. Bien que son parti n'obtiendra vraisemblablement pas la majorité nécessaire à l'Assemblée nationale, l'idée était de montrer au chef de l'Etat réélu qu'il lui faudrait probablement composer avec une coalition. Cela signifie qu'il lui faudra écouter et considérer des avis qui ne seront pas nécessairement les siens.

Emmanuel Macron a prouvé qu'il était possible de remporter une élection sans pour autant être populaire. Il l'a gagnée car il avait en face de lui une personnalité politique pour laquelle de nombreux électeurs hésitent encore à apporter leur voix à un candidat représentant un parti situé à une extrémité de l'échiquier politique national. L'extrême fait peur. En clair, le Rassemblement National dispose d'une forte base militante. A cela, il faut ajouter des votes contestataires d'électeurs déçus par les partis traditionnels. Il existe également une catégorie d'électeurs « en sommeil ». Ce sont des gens qui s'abstiennent de voter ou qui portent encore leur voix à des candidats ou des listes pour lesquels ils « accordent » une dernière chance avant de voter pour un extrême lors de l'échéance électorale suivante. En ayant pris le soin de travailler son image pour sensibiliser davantage l'opinion publique, Marine Le Pen continue de séduire et il apparaît que de plus en plus d'électeurs ressentent moins de culpabilité à accorder leur voix au Rassemblement National.

Emmanuel Macron maître ès stratégie

Cela faisait sans doute longtemps que la France n'avait pas connu un homme politique faisant montre d'un sens de la stratégie aussi développé. Cinq ans après son chef d'œuvre de 2017, il poursuit son entreprise de démolition de l'adversité avec toujours autant d'efficacité. Le plus surprenant est qu'il y parvienne en dépit d'une impopularité manifeste. Sa recette fonctionne toujours.

En 2017, personne ne l'avait vu arriver aussi haut. C'est un fait. Beaucoup d'acteurs politiques français le voyaient échouer dans son projet de conquête de l'Elysée. Il déjoua pourtant tous les pronostics. Le temps lui donna raison. En effet, il ne faut pas oublier que tout évolue, même les habitudes de la vie politique française. Certes, la France n'était pas habituée à ce qu'un candidat disposant d'une aussi courte expérience politique et gouvernementale (il fut le Secrétaire adjoint au cabinet du Président de la République entre 2012 et 2014 puis il occupa le ministère de Bercy entre 2014 et 2016) pût faire valoir des ambitions présidentielles tout en ayant des chances de les satisfaire. En somme, il cassa une vieille habitude. Pour devenir Président de la République, il fallait naguère être une figure ancrée depuis longtemps dans le paysage politique national. Pas lui. C'est la raison pour laquelle beaucoup crurent alors qu'il courait droit à l'échec. Le doute était légitimement permis.

Emmanuel Macron eut le mérite de croire en ses chances et en sa méthode. Généralement, en France, on n'accorde pas beaucoup de chances à la nouveauté… et peut-être encore moins aux jeunes hommes pressés. Dans l'univers politique, afficher des ambitions présidentielles la trentaine non révolue est unique. Par le passé, Laurent Fabius fut nommé Premier ministre à trente-huit ans. Valéry

Giscard d'Estaing atteignit la graal suprême élyséen à quarante-huit ans. A l'instar d'Emmanuel Macron, tous étaient passés par la case Ecole nationale d'administration. Ce dernier semblait nonobstant animé d'une détermination inébranlable à faire tomber tous les records de la République en termes de précocité. Malgré les doutes des uns et les réticences des autres, il réussit son pari. Coup d'essai, coup de maître.

Il est amusant de se replonger dans des idées qui ont collé à la peau de cet homme qui a sprinté vers l'Elysée à une vitesse record. On disait de lui qu'il avait le soutien des banques, que des hommes d'affaires bienveillants avaient misé sur lui. Certes. En revanche, toutes ces personnes n'ont pas effectué le travail qu'il dut accomplir pour décourager certains et écarter d'autres adversaires de la voie royale vers le 55 Rue du Faubourg Saint-Honoré. La plus grande erreur de ses adversaires fut sans doute de le sous-estimer. Il ne faisait pas comme les autres donc il n'avait aucune chance de s'imposer… Et pourtant ! On en oublierait presque qu'au sein du gouvernement d'Emmanuel Valls, ses détracteurs l'avaient accusé de vendre les fleurons de l'industrie française à des puissances étrangères alors qu'il était le ministre de l'Economie, de l'Industrie et du Numérique. Il fit l'objet de nombreuses critiques. Rien ne le persuada pourtant de revoir ses ambitions à la baisse et de peaufiner ses ambitions présidentielles pour 2022. Non. Il était résolument animé par une envie viscérale de se mêler aux enjeux présidentiels dès 2017. Le talent n'a pas d'âge. Place à la jeunesse !

Emmanuel Macron est arrivé dans l'environnement politique français tel un ovni. Des gens brillants, la France n'en manque pas. D'ailleurs, brillant, lui-même l'est assurément. Toutefois, un trentenaire affichant une fougue quasi-passionnelle de vouloir prendre en main la destinée de la France, c'était du jamais vu. Toute la difficulté reposait sur le bon équilibre à trouver et consistant à allier l'affichage d'ambitions exécutives nationales tout en paraissant crédible aux yeux de l'électorat... et en manœuvrant dans l'ombre sans se prendre les pieds dans le tapis. En effet, un homme politique ne parvient pas aux plus hautes responsabilités républicaines s'il n'est pas ambitieux. Or l'ambition fait peur. Etre trop ambitieux n'est pas nécessairement une qualité appréciée par l'univers politique. Cela a le don de favoriser les inimitiés. Considérant tout cela, Emmanuel Macron évita les obstacles et devint le plus jeune Président de la France toutes ères républicaines confondues. Le tour de force était magistral.

Il n'a pu réussir seul, c'est certain. Lorsqu'encore ministre on commença à lui prêter des ambitions présidentielles, il n'avait pas le rôle facile car son portefeuille ministériel n'était pas celui qui attire le plus facilement la sympathie des Français. Malgré cela, il trouva la force et l'énergie nécessaires pour piloter son ministère tout en préparant soigneusement ses ambitions personnelles... et prendre ses distances avec François Hollande, l'homme qui lui avait permis quelques années plus tôt de tutoyer les arcanes du pouvoir à Paris. D'ailleurs, lorsqu'il créa son mouvement En marche (qui devint plus tard LREM), il avait commencé son travail de sape mêlant opération séduction auprès des Français et travail de démolition parmi ceux qui rêvaient, comme lui, de desseins présidentiels. François Hollande en fut une des premières victimes.

Le Président sortant eut l'intelligence de comprendre qu'il ne pourrait pas empêcher la vague Macron de déferler sur la France. Il maudit sans doute cet homme pour qui il avait contribué à accélérer la carrière. Lorsqu'il prit conscience des ravages que son ancien jeune protégé était en train de causer au sein des enquêtes d'opinion, il prit le parti de ne pas briguer de second mandat présidentiel. Il avait compris que son expérience élyséenne se limiterait à cinq ans. Lorsqu'il vit Emmanuel Macron placer son attaque pour s'extirper du peloton, François Hollande comprit alors que plus personne ne le reverrait. Il franchirait la ligne d'arrivée en vainqueur. C'était écrit.

Le malheur des uns faisant le bonheur des autres, les poids lourds du Parti Socialiste sortirent de leur tanière : il était désormais temps qu'une nouvelle tête s'imposât et qu'elle défendît les chances du parti puisque le Président sortant n'entendait pas se représenter. A ce jeu, Benoît Hamon l'emporta mais dépassa péniblement 6% lors du premier tour de l'élection présidentielle. L'issue du premier tour se joua dans un mouchoir de poche puisque les quatre premiers se tinrent en moins de cinq points. Emmanuel Macron vira en tête, Marine Le Pen le talonnant. La suite est connue : l'ancien banquier d'affaires remporta le scrutin haut la main. Sa victoire ne souffrit d'aucune contestation. Pour célébrer le tout, rien de tel que de mettre en scène son arrivée solennelle au pied de la pyramide du Louvre pour partager la satisfaction de sa victoire avec ses partisans. Il venait de bousculer tous les codes avec sa jeunesse et sa fougue. Morale de l'histoire : les Français avaient manifestement besoin de changement et les partis traditionnels du paysage politique national ne l'avaient pas compris. Emmanuel Macron et En marche présentaient l'avantage d'apporter une nouvelle offre politique dans un environnement qui ne cessait de décevoir toujours plus l'électorat. Il fallait essayer de convaincre les abstentionnistes d'aller voter et de profiter de cet engouement populaire pour Jean-Luc Mélenchon et Marine Le Pen. En effet, tout ceux qui votaient pour ces leaders n'apportaient donc pas leur soutien aux partis dominants traditionnels. En d'autres termes, Emmanuel Macron avait compris qu'il fallait achever ces derniers. Pour le courant socialiste, la cause fut rapidement entendue avec le faible score obtenu par Benoît Hamon. Pour ce qui concernait le parti républicain, il y avait encore du travail.

La campagne désastreuse que connut François Fillon allait surtout symboliser un mal profond au sein de la droite qui était en réalité bien plus nocif que ce que les apparences pouvaient laisser croire. Les maux du parti républicain seront analysés ultérieurement mais l'échéance présidentielle de 2017 a surtout mis en exergue des luttes intestines chroniques. Elles sont liées au fait qu'aucune figure de ce mouvement n'a jamais réussi à succéder à Nicolas Sarkozy et à s'imposer comme le leader évident d'une famille politique qui n'a depuis lors jamais cessé de perdre en popularité. Pour précipiter le déclin du parti, quoi de mieux que d'y semer la zizanie en séduisant plusieurs de ses membres et de les inviter à participer à la nouvelle gouvernance nationale ? Les Républicains n'ont jamais pardonné ni à Edouard Philippe ni à Bruno Le Maire d'avoir accepté la proposition de la majorité d'y occuper de grandes responsabilités… En attendant, cela n'a fait qu'accentuer le malaise ambiant au sein du parti.

Le fin stratège Emmanuel Macron est parvenu à s'imposer dans un environnement global où les principales forces politiques traditionnelles, à l'exception de l'extrême droite, connaissent une crise existentielle majeure. Tout l'enjeu consistait alors à avoir pour principaux adversaires les « râleurs », les contestataires ou encore les sympathisants de l'écologie et de l'environnement. En procédant de la sorte, cela permettait au Président de la République de pouvoir s'attaquer à des dossiers fâcheux, de s'attirer les foudres du peuple… mais de conserver intactes ses chances d'être réélu en 2022. La manœuvre était étroite. Pendant cinq ans, rares furent les moments où il fut populaire. Il y eut l'état de grâce initial. Après cet épisode éphémère, ce fut une autre histoire. Sévèrement critiqué, beaucoup pensèrent qu'il avait réduit à néant ses chances de briguer un second mandat présidentiel. Que nenni ! Tout était sujet à critique : ses choix, sa manière de communiquer, sa facette autoritaire qui en a agacé plus d'un, etc. Bref, dans sa manière de faire, certains se demandèrent s'il n'y avait pas un penchant masochiste à vouloir se faire vilipender de la sorte. Non. Manifestement, tout était calculé ou du moins analysé. Il fallait simplement observer comment les autres se comportaient. A l'évidence, aucune figure charismatique ne semblait se détacher dans le paysage politique national. Il y avait bien Jean-Luc Mélenchon et Marine Le Pen, des leaders partisans qui avaient le vent en poupe et qui séduisaient les mécontents et autres insatisfaits. Certes, mais dans l'optique d'une élection présidentielle, le topo était le suivant : l'un et l'autre récolteraient beaucoup de suffrages exprimés au premier tour tandis qu'au second tour, le candidat le plus modéré est généralement le plus favorisé par les votes. Tout l'enjeu pour Emmanuel Macron était de s'assurer un second tour contre l'un des deux.

Il subsiste un doute : Emmanuel Macron a-t-il bénéficié d'un concours de circonstances favorables ou bien a-t-il fait preuve d'un redoutable opportunisme, parfait complément de son caractère stratège ? Il y a sans doute un mélange des deux mais son sens aigu de la stratégie demeure omniprésent. Il a adapté sa stratégie aux circonstances du moment. Il a réussi à refiler les mauvais rôles à ses adversaires malgré des échecs électoraux. Les élections municipales de 2020 en sont le meilleur exemple : en ne conquérant aucune des dix plus grandes municipalités hexagonales, il incombait à ses adversaires d'assumer les grandes responsabilités de la politique de proximité. [5] De plus, cette échéance électorale confirma une autre tendance : la chute libre des mouvances centriste, socialiste et républicaine. Tout cela procura à Emmanuel Macron de précieuses indications sur la stratégie à adopter en vue d'avril 2022. Enfin, la multiplication des candidatures en vue du premier tour joua en sa faveur. En effet, en règle générale, plus il y a de candidats et plus le vote se retrouve dispersé. En d'autres termes, dans un environnement où les partis dominants traditionnels peinent à séduire, les votes allaient massivement se répercuter vers Jean-Luc Mélenchon, Marine Le Pen et Eric Zemmour à qui les sondages prêtaient de belles intentions de vote. Parmi les modérés et non-monothématiques, Emmanuel Macron incarnait le seul candidat capable de s'ériger face aux extrêmes ou plus globalement aux contestataires. Son succès électoral s'est construit patiemment, malgré l'impopularité voire l'agacement des Français à son égard. Certaines communications n'ont visiblement toujours pas été digérées par ces derniers, notamment dans le cadre de la crise sanitaire et de la campagne de vaccination. Beaucoup dénoncèrent un excès d'autorité. Pour d'autres, cela s'apparentait à de l'irrespect. Rien ne l'a pourtant empêché d'avancer comme il l'entendait et de se poser en favori à sa réélection. Décrié comme il le fut, il sut faire montre d'une grande force de caractère, d'une détermination infaillible mais surtout d'une finesse d'analyse qui lui permit de mettre en place sa stratégie gagnante. Il est plutôt rare de remporter un scrutin présidentiel en étant impopulaire, non ? Il a gagné parce qu'il a été le maître du jeu. Il est le patron incontesté de LREM. Il a également exercé une énorme influence chez les autres puisqu'il a contribué à enfoncer davantage les vieilles forces dominantes dans la crise pour permettre à d'autres d'accéder à des niveaux de

---

[5] Note de l'auteur : il s'agit d'une interprétation. L'échec électoral de LREM aux élections municipales de 2020 montra surtout que le parti présidentiel n'avait pas réussi son ancrage électoral au niveau local.

popularité leur faisant croire qu'ils pouvaient désormais atteindre le graal suprême. Tout n'était qu'illusion. Le seul luxe qu'Emmanuel Macron leur accorda fut de rêver quelques temps d'une passation de pouvoir s'effectuant sur le perron de l'Elysée. Emmanuel Macron n'a jamais rêvé. Il a toujours été actif. C'est lui qui a écrit tout le scénario et il comptait bien s'accorder le premier rôle pour cinq années supplémentaires, contre vents et marées.

Emmanuel Macron et Edouard Philippe brouillés ?
Et alors ?

A l'approche des élections municipales de 2020, une rumeur commença à prendre de l'ampleur en France : Edouard Philippe était sur le point de quitter Matignon. Depuis quelques temps déjà, il semblait y avoir de l'eau dans le gaz entre le Président de la République et son fidèle chef du gouvernement qui a toujours prôné la loyauté à l'égard du chef de l'Etat. Il se murmurait alors que le Premier ministre avait émis le souhait de briguer un nouveau mandat de maire au Havre et qu'il comptait s'éloigner pendant quelques temps des arcanes parisiennes. D'ailleurs, lors d'une intervention à l'Assemblée nationale, il laissa planer le doute quant à son avenir politique au sein du gouvernement. Pendant de longues semaines, dans les médias, de nombreuses supputations portèrent sur une ambiance qui se serait lentement dégradée entre Emmanuel Macron et Edouard Philippe. Autant ne pas perdre de temps : un désaccord, une brouille voire davantage survenant entre les deux têtes exécutives du pays n'a jamais tué la République. En somme, était-il important de prêter autant d'attention à cette présumée mésentente croissante ? La réponse est lapidaire : non. What else ?

Dans un *Complément d'enquête* diffusé sur France 2 le 19 mai 2022 [6] et qui lui était consacré, l'ancien Premier ministre finit par s'agacer en raison des questions et des relances portant sur l'état de la brouille le liant à Emmanuel Macron. Il avait raison de réagir de la sorte. De toute manière, il n'y avait qu'une alternative : soit le torchon brûlait entre les deux hommes ; soit c'était la franche camaraderie et tous deux avaient convenu à un moment

---

[6] *« Edouard Philippe : Monsieur Loyal ou futur rival ? »*, émission Complément d'enquête diffusée le 19 mai 2022 sur France 2

donné de cesser leur collaboration d'un commun accord. Un petit retour en arrière s'impose. Face aux caméras, Edouard Philippe n'a eu de cesse d'expliquer que sa collaboration avec Emmanuel Macron fut courtoise, tordant ainsi le cou aux rumeurs persistantes portant sur une éventuelle tension qui n'aurait cessé de croître pendant leurs trois années de binôme exécutif.

Il se dit que le Président de la République n'appréciait guère la cote de popularité de son chef du gouvernement. C'était probablement vrai. Lorsque le qualificatif « jupitérien » est employé pour le décrire, cela signifie qu'il n'aime pas que quiconque lui fasse de l'ombre. En l'occurrence, la popularité d'Edouard Philippe était nettement supérieure à la sienne en dépit des fronts sur lesquels ce dernier fut amené à intervenir en qualité de bouclier présidentiel. En période de convergence politique, c'est-à-dire lorsque le Président de la République dispose d'une majorité parlementaire au sein de l'Assemblée nationale, le Premier ministre fait office de fusible pour le compte de l'Elysée. Un bon pensionnaire de Matignon, on l'use jusqu'à la corde. On ne laisse pas s'envoler le papillon. Pour ce qui est d'Edouard Philippe, il fut choisi pour camper ce rôle tandis qu'il ne faisait initialement pas partie de la macronie. S'il accepta le poste à Matignon, il n'y a pas à douter qu'il serait le parfait exécuteur des ordres en provenance de l'Elysée. En revanche, il était sans doute moins attendu qu'il eût autant de dossiers fâcheux à gérer et pour lesquels il lui fallut venir à la rescousse d'Emmanuel Macron. Réforme des retraites houleuse, Gilets jaunes puis crise sanitaire Covid-19, excusez du peu mais sous la Vème République, aucun Premier ministre n'a jamais eu à gérer autant de crises sociales de cet acabit en si peu de temps. Pendant que la popularité d'Emmanuel Macron dégringolait, celle d'Edouard Philippe, au contraire, était étonnement élevée au regard du mécontentement global des

Français vis-à-vis de leurs autorités dirigeantes. Un Premier ministre populaire dans de pareilles circonstances, c'est gênant pour un pensionnaire du palais de l'Elysée.

Après trois ans de bons et loyaux services, Edouard Philippe quitta Matignon. Pour certains, il démissionna, préférant accorder sa priorité à la mairie du Havre. Pour d'autres, Emmanuel Macron ne voulait pas prendre le risque de conserver un Premier ministre aussi populaire et le congédia. Les deux thèses sont crédibles. D'ordinaire, celui qui souhaite écarter un rival aura tendance à proposer un portefeuille difficile à sa cible. Quoi de mieux que Matignon pour torpiller quelqu'un de dangereux en période de convergence politique ? Dans pareille situation, c'est le Premier ministre qui abat normalement le sale travail. Avec Edouard Philippe, le problème était que l'homme gérait les dossiers brûlants d'une manière qui ne laissait pas les Français insensibles. Ils avaient confiance en lui car il parlait sans langue de bois et paraissait assumer ses responsabilités avec humilité. Il n'avait pas d'étiquette de menteur collée dans son dos. Sa communication plaisait. Il renvoyait l'image d'un homme intègre et de parole. Il ne fallait donc pas décevoir les Français.

Sans surprise, Edouard Philippe remporta aisément la mairie du Havre. Lors de ses précédentes expériences à la tête de cette grande municipalité normande, il avait acquis une grande popularité. En juillet 2020, il remit la démission de son gouvernement. Le même jour, Jean Castex lui succéda à Matignon. L'élu normand allait désormais pleinement se consacrer à la vie havraise. Lorsqu'on analyse ce retour à la vie locale, plusieurs interprétations sont envisageables. Premièrement, l'homme est fatigué par l'exercice du pouvoir et a sagement préféré retourner à une vie moins éreintante que celle de Matignon. C'est possible car l'homme a été physiquement marqué par sa vie de chef du gouvernement. Personne ne peut le nier. Pendant trois années, il n'a pas arrêté. L'argument portant sur une volonté de relâcher le pied de la pédale d'accélérateur est crédible. Deuxièmement, dans le cas d'une relation personnelle de plus en plus complexe avec Emmanuel Macron, il a pu choisir de cultiver sa popularité en retournant dans une circonscription où il se sait apprécié de ses administrés pour la qualité du travail effectué naguère. En d'autres termes, il s'agirait d'une mise en retrait peu risquée pour laquelle il continuerait d'œuvrer dans l'univers politique… pour mieux préparer de nouvelles ambitions nationales à venir ?

Il est probable que la vérité relève d'un mélange de ces deux hypothèses. Edouard Philippe n'a d'ailleurs jamais exclu de revenir sur le devant de la scène politique nationale. Pendant un temps, un soupçon de doute s'empara de l'opinion publique : l'ancien chef du gouvernement ne serait-il pas en train de préparer un coup de Trafalgar en mettant au point sa stratégie pour débarquer dans le débat présidentiel en vue de l'élection d'avril 2022 ? En effet, quoi de mieux que de revenir au calme en Normandie pour ne plus s'attirer en permanence les lumières parisiennes et préparer dans la plus grande discrétion une candidature en vue de l'échéance présidentielle à venir ? L'idée était séduisante. Beaucoup l'auraient souhaité. Si Edouard Philippe a rapidement balayé du revers de la main cette hypothèse en martelant à l'envi qu'il comptait soutenir le Président sortant, les promesses en politique n'en portent souvent que le nom. D'aucuns pensaient qu'il serait éventuellement la seule personnalité politique française à pouvoir faire échouer les plans de réélection d'Emmanuel Macron. En somme, allait-il se présenter ou pas ? La réponse déçut ceux qui voyaient en lui un présidentiable pour 2022. L'homme tint parole : il n'entendait pas s'engager contre Emmanuel Macron, en dépit des rumeurs persistantes faisant état d'une relation personnelle s'étant dégradée entre eux au fil du temps.

Toutefois, cela n'indique en rien qu'il soit dépourvu d'ambitions politiques. D'ailleurs, non seulement il en a mais en plus, il a trouvé un bon créneau de communication pour ne pas être oublié des Français et renvoyer l'image d'un homme politique qui ne ment pas à des fins électoralistes. En revanche, s'il avait eu la tentation de présenter sa candidature, nul ne sait comment cette dernière eût été perçue par l'électorat. Des électeurs auraient sans doute été déçus de voir « qu'il se comporte comme les autres. » En d'autres termes, pour ne pas décevoir et se distinguer de l'adversité, il lui fallait maintenir ce cap de la loyauté dont il a toujours fait montre à l'égard d'Emmanuel Macron et d'allier les actes aux paroles. A ce niveau, l'opération est réussie. Bien que retiré de Matignon depuis 2020, sa cote de popularité demeure très élevée en France. Il incarne l'image de l'homme d'Etat qui a la stature pour piloter la destinée de la France. En revanche, il lui faudra faire montre de patience car il cible l'échéance présidentielle de 2027. Or en politique, se projeter dans un horizon de cinq ans n'est pas un projet en devenir mais une éternité. En cinq ans, on oublie vite quelqu'un. C'est la raison pour laquelle s'il ne se mêle pas à la bataille pour l'élection présidentielle de 2022, il ne s'est pas interdit de s'immiscer dans les élections législatives de juin 2022.

Le 9 octobre 2021, le parti politique Horizons fondé par Edouard Philippe fut officiellement lancé. Si le message véhiculé porte sur un soutien affiché à Emmanuel Macron pour sa campagne présidentielle de 2022, le fait de créer un nouveau parti indique clairement qu'il entend défendre de futures ambitions à l'échelle nationale. Il espère dans un premier temps obtenir des sièges à l'Assemblée nationale. D'ailleurs, une ancienne figure de la droite s'étant ensuite rapprochée de LREM a pris le parti de rejoindre Horizons dès ses premières heures d'existence : Christian Estrosi, le maire de Nice. Ce ralliement n'est pas anodin puisque ce dernier est à la tête de la cinquième ville la plus peuplée de France. D'ailleurs, sa garde rapprochée a quitté Les Républicains pour grossir les rangs d'Horizons.

Edouard Philippe et son parti n'entendent pas camper un rôle de figurants en vue de l'échéance législative de juin 2022. Ils espèrent conquérir suffisamment de sièges à l'Assemblée nationale pour démarrer l'histoire de la vie électorale d'Horizons de la meilleure des manières. Ce serait surtout un magnifique tremplin pour préparer ses desseins présidentiels de 2027. Qu'on se le dise, l'homme est ambitieux et il espère bien faire parler de lui pendant les cinq prochaines années. En n'occupant plus de fonctions à risque, cela sous-entend une exposition pouvant être nuisible à son image publique, il a toutes les chances de conserver la popularité qui est sienne aux yeux des Français. Pour cela, il lui fallait trouver le moyen de continuer à faire parler de lui. C'est ce qu'il fit en créant Horizons.

Jusqu'à présent, il s'est toujours montré fidèle à ses communications passées : aucune peau de banane apparente glissée sous les chaussures d'Emmanuel Macron. D'ailleurs, en maintenant le discours qu'il a toujours entretenu de bonnes relations avec le chef de l'Etat, même depuis son départ de Matignon, il tend à montrer qu'il est un homme de dialogue et ouvert d'esprit… tandis que les rumeurs de brouille laissent penser que le Président de la République camperait le mauvais rôle, celui du chef de l'exécutif ne goûtant guère à la popularité de son Premier ministre. Sur ce point, Edouard Philippe a incontestablement marqué des points aux yeux des Français en se montrant flegmatique et désireux d'éteindre les polémiques là où des bruits font état d'une réalité différente.

La popularité du natif de Rouen a peut-être effectivement dérangé le Président de la République, d'autant plus que ce dernier avait probablement senti ses ambitions futures. Ecarter Edouard Philippe de Matignon avait donc du sens. Son remplaçant, Jean Castex, n'avait pas le même profil. Il paraissait plus effacé que son prédécesseur. L'image qu'il laissera aux Français sera celle d'un serviteur de l'Etat s'étant acquitté de la mission qui lui avait été confiée par l'Elysée. Sobre et besogneux, il n'a manifestement pas marqué les esprits des Français comme Edouard Philippe sut le faire. Lorsqu'il confia les clés de Matignon à Elisabeth Borne, il communiqua son intention de quitter la vie politique nationale.

Depuis la révision constitutionnelle de 2008 dans son article 6, le Président de la République ne peut pas briguer un troisième mandat consécutif. Autrement dit, en 2027, Emmanuel Macron se verra dans l'obligation de quitter le palais de l'Elysée. Rien ne l'empêchera toutefois de retenter sa chance en 2032 si le cœur lui en dit. Cette règle constitutionnelle avait fait grincer des dents lorsqu'elle fut promue, à commencer par celles du grand constitutionnaliste Guy Carcassonne qui trouvait cette disposition aberrante. Ce dernier considérait que si un Président de la République avait donné satisfaction pendant dix ans et que l'électorat semblait prêt à lui renouveler sa confiance pour un troisième quinquennat consécutif, pourquoi l'en empêcher ? L'idée maîtresse vise à prémunir la France contre toute forme d'accaparation du pouvoir exécutif par un seul individu. L'argument est assurément défendable. La question peut d'ailleurs être soulevée pour d'autres mandats électifs. Cela étant, les normes juridiques étant ce qu'elles sont, le Président Macron aura nécessairement un successeur en 2027. Edouard Philippe rêve sans doute d'accéder à la plus haute responsabilité exécutive de l'Etat français. Il ne sera évidemment pas le seul à convoiter cette fonction mais depuis deux années désormais, il prépare le terrain afin d'optimiser ses chances de succès électoral lors de la prochaine échéance présidentielle. Une fois de plus, en politique, il est inutile de se projeter loin dans le temps car nul ne sait ce qu'il peut advenir d'ici 2027. En revanche, Edouard Philippe disposera du temps nécessaire pour ancrer le parti Horizons dans le paysage politique français, continuer de faire parler de lui régulièrement sur la scène nationale et gérer sa communication et son image qui passent essentiellement par la volonté de montrer qu'il a toujours été un Premier ministre loyal en toutes circonstances. C'est précisément sur le terrain de la loyauté qu'il espère se démarquer de l'adversité. S'il ne commet aucun impair et ne déçoit pas l'opinion publique en ce sens, il pourra effectivement se prévaloir d'avoir toujours été un homme de parole. Or dans un contexte global où le lien de confiance entre les élites politiques et l'électorat paraît précaire, la voix d'un homme de parole a de grandes chances d'être entendue.

En résumé, si Emmanuel Macron et Edouard Philippe entretiennent des relations personnelles compliquées en raison de leur ancienne collaboration exécutive, nos voisins suisses affirmeraient avec flegme qu'il n'y a pas le feu au lac. Il importe peu que les deux hommes partagent une franche camaraderie ou bien qu'ils soient brouillés tant que l'un et l'autre optent pour le même discours et qu'ils laissent l'impression d'aller dans le même sens. Il y a assurément eu une distanciation entre les deux hommes. On ne se sépare pas d'un chef du gouvernement qui donne satisfaction sans raison… d'autant plus que le principal intéressé a lancé son propre parti politique quelques mois plus tard. Personne n'est dupe, il y a bien eu de l'eau dans le gaz entre eux. Toutefois, tous deux sont pragmatiques et partagent des intérêts communs. Peu importent les bruits colportés, ils continueront de donner l'apparence d'entretenir des relations courtoises, celles qui visent à mettre de côté les rancœurs personnelles pour faire primer les intérêts de la France. Dans ce sens, Edouard Philippe a soutenu Emmanuel Macron pendant sa campagne électorale de 2022. Cela lui permet surtout de montrer qu'il n'a jamais trahi celui qui lui a offert l'opportunité d'accéder à la fonction de Premier ministre. En revanche, en créant Horizons, il a fait montre de subtilité en expliquant qu'on a le droit de soutenir quelqu'un tout en n'étant pas toujours d'accord avec cette personne. Entre les lignes, cela signifie qu'une distance est créée et que chacun défendra ses propres intérêts. Aux yeux des Français, Edouard Philippe conserve l'image d'un homme loyal. Qu'on ne s'y trompe pas, il s'est fixé un objectif : la conquête de l'Elysée. Lorsqu'il estimera opportun le moment de marquer publiquement sa distance avec Emmanuel Macron et de communiquer dans ce sens, il n'hésitera pas. En politique, le lundi on lèche, le mardi on lâche et le mercredi on lynche. C'est normal. La politique a toujours fonctionné de la sorte. Tout le reste n'est qu'apparence.

Une campagne électorale en partie éclipsée par la guerre en Ukraine

L'élection présidentielle de 2022 ne restera sans doute pas dans les annales pour la qualité de la campagne faite par les candidats éligibles au premier tour. Le débat global a plutôt été d'une grande pauvreté. Il ne s'agit peut-être que d'un ressenti, mais beaucoup de promesses ressemblaient à s'y méprendre à de la poudre que l'on jette aux yeux de l'électorat. Une des grandes thématiques portait sur le pouvoir d'achat des Français. En l'occurrence, il s'agissait effectivement d'un sujet sérieux et véritablement d'actualité puisque beaucoup d'entre eux se plaignent de rencontrer des difficultés toujours plus croissantes en raison de la hausse des prix de nombreux biens de consommation et des services. L'exemple le plus frappant demeure le pétrole. Ce dernier a agité le monde avec le déclenchement des hostilités en Ukraine. Entre les sanctions économiques portant sur les hydrocarbures russes, les menaces proférées par le Kremlin portant sur le pétrole, le gaz mais également de nombreux produits de consommation dont les céréales, les craintes relatives à des perturbations occasionnées sur les transports et autres pensées négatives, tout s'est emballé à grande vitesse. Le baril de pétrole a connu une flambée des prix au point d'atteindre éphémèrement un niveau d'échange proche de cent quarante dollars tandis que depuis plusieurs années, nous étions habitués à l'achat à un prix n'excédant pas soixante-dix voire soixante-quinze dollars lors des périodes les moins avantageuses pour les acheteurs.

Depuis l'annonce de l'intervention russe en Ukraine, le baril s'échange au-delà de cent dollars voire davantage. Cela entraîne nécessairement des répercussions à la pompe, d'autant plus chez les pays qui importent l'essentiel de leurs besoins pétroliers. C'est le cas de la France puisque 99% de l'or noir consommé en France métropolitaine provient de l'étranger. [7] En d'autres termes, lorsque les prix d'échange augmentent aussi significativement, les effets se répercutent rapidement dans les stations-service. Lorsque le litre d'essence atteint deux euros pour le consommateur final, ce dernier gronde. Beaucoup de Français utilisent leur véhicule personnel pour se déplacer, notamment pour aller travailler. Or un tel prix n'est pas supportable pour ceux disposant de revenus modestes. Il en va de même pour les entreprises disposant de véhicules. Pour tout consommateur, un constat s'impose : le coût de la vie a considérablement augmenté en l'espace de quelques mois. Il faut reconnaître que les circonstances ne sont pas favorables aux décideurs politiques puisque la France (et plus généralement l'ensemble du monde) a souffert de la crise sanitaire qui n'est toujours pas révolue. Dans les médias, on commence même à évoquer une septième vague de Covid… La crise ukrainienne n'arrive assurément pas au bon moment pour les finances des Français.

Pendant la campagne électorale, c'était à celui qui ferait la proposition la plus faramineuse pour bloquer les prix de certains biens de consommation de première nécessité voire ceux des produits dérivés du pétrole. Pourquoi pas. Toutefois, cela a un coût et au regard des finances publiques de l'Etat, à moins d'assommer à terme le contribuable avec de nouveaux prélèvements obligatoires, il est difficile de comprendre comment toutes ces promesses auraient pu être concrètement financées sans s'attaquer a posteriori au portefeuille des Français. Cela étant, les débats pour la course à l'Elysée n'ont pas déchaîné les passions. D'ailleurs, le Président de la République en personne a marqué cette période de campagne par l'annonce très tardive de sa candidature à sa propre réélection. Il n'a été que très peu présent dans les débats. Des meetings de

---

[7] *« Ressources en hydrocarbures de la France »*, www.ecologie.gouv.fr, 1er avril 2022

campagne ont même été organisés en son absence. Le pari était osé. Il s'est avéré audacieux. Emmanuel Macron ne fait décidément rien comme les autres ! A sa décharge, il avait également d'autres affaires à gérer. En premier lieu, la crise en Europe de l'Est a concentré une grande partie de son attention.

Il faut comprendre qu'Emmanuel Macron n'a pas volontairement « négligé » sa campagne électorale par suffisance. Il se trouve que la stratégie a payé mais tandis qu'il jouait sa reconduction pour cinq ans au sommet du pouvoir exécutif, il était surtout le diplomate en chef qui a tenté d'éviter l'éclatement d'un conflit opposant la Russie à l'Ukraine. En intervenant de la sorte, il n'était pas uniquement le représentant de la République française. Il parlementait également en qualité de chef d'Etat d'un pays membre de l'OTAN [8] et de l'Union européenne. Comme si cela ne suffisait pas, la France présidait le Conseil européen pendant le premier semestre 2022. Cela procurait à Emmanuel Macron de bonnes raisons d'avoir été moins présent dans sa campagne électorale que ses adversaires. D'ailleurs, son implication dans la crise ukrainienne contribua à dynamiser sa cote de popularité auprès des Français.

Cette campagne électorale a surtout été marquée par des polémiques qui n'étaient pas sans rappeler les remous de celle de 2017 avec les affaires qui condamnèrent les espoirs de succès de François Fillon. Pour l'ancien fidèle Premier ministre de Nicolas Sarkozy, le problème était quelque peu différent puisque son image avait sérieusement été écornée par l'affaire de possibles emplois fictifs concernant son épouse. L'affaire avait fait les grands titres de la presse nationale en raison d'une suspicion de juteux

---

[8] Note de l'auteur : acronyme de l'Organisation du Traité de l'Atlantique Nord, organisation multipartite créée en 1949

revenus perçus par Penelope Fillon pour lesquels la justice française pressentait des justifications apocryphes. Le coup de grâce fut porté par Robert Bourgi, un proche de Nicolas Sarkozy, qui dénonça la fameuse affaire des costumes hors de prix offerts à l'ancien député, sénateur et conseiller général de la Sarthe. En 2017, les ennuis judiciaires de l'ancien Premier ministre marquèrent les esprits. Ces affaires contribuèrent à propulser Marine Le Pen au second tour de l'élection.

En 2022, bis repetita, on reprend les mêmes pour la grande finale. Toutefois, le premier tour fut émaillé de nombreuses polémiques qu'il est inutile de détailler dans cette réflexion. La comparaison sera sans doute osée mais les deux dernières échéances présidentielles françaises rappellent quelque peu sur la forme l'ambiance délétère qui caractérisa les élections présidentielles américaines de 2016 et de 2020. Dans les deux cas, l'ambiance de la campagne fut pourrie par de multiples polémiques qui reléguèrent les programmes électoraux au second plan. De telles circonstances sont dérangeantes car d'ordinaire, un candidat se fait élire sur son programme. Aux Etats-Unis, les débats de 2016 et de 2020 furent d'un grand désintérêt. Certains attribueront ces circonstances à l'entreprise de démolition déployée par Donald Trump. Cela est certainement plus vrai pour 2020 que pour 2016. En effet, lorsqu'il fut élu, on oublie ô combien l'ambiance politique aux Etats-Unis était mauvaise… Curieusement, l'Ukraine et la Russie ne furent pas étrangères à cela.

Il faut se souvenir que si Donald Trump n'a pas son pareil pour créer et alimenter des polémiques, le volcanique homme d'affaires new-yorkais fut la cible d'une attaque démocrate portant sur une suspicion de liens sulfureux entre ce dernier et la Russie tandis que le camp cher à Hillary Clinton s'indignait de cyberattaques le visant et provenant de Russie. Il faut rappeler qu'à cette époque-là, l'ex-première dame des Etats-Unis avait publiquement affiché son soutien au mouvement né sur la place Maïdan de Kiev en 2013. Ces manifestations visaient à montrer au Président ukrainien d'alors, Viktor Ianoukovitch, qu'une majorité de ses compatriotes n'entendait pas se rapprocher de Moscou. En 2016, suspecter Donald Trump de collusion avec la Russie avec en toile de fond l'hypothèse induite de vouloir torpiller la campagne électorale de Hillary Clinton avait du sens. La thèse était crédible. Bien plus tard, le procureur spécial Robert Mueller rendit un rapport dans lequel les conclusions indiquaient que rien ne lui permettait d'établir avec certitude que Donald Trump avait effectivement et sciemment bénéficié d'une aide extérieure russe pour remporter l'élection présidentielle. En 2020, nous nous souvenons tous que l'irascible Président sortant avait prévu plusieurs mois avant le scrutin présidentiel de contester les résultats électoraux en cas de défaite suspectant ainsi une tricherie chez les Démocrates… Malheureusement, il lia les actes aux paroles et les Etats-Unis vécurent des moments particulièrement pénibles jusqu'à cet impensable paroxysme caractérisé par l'envahissement du Capitole le 6 janvier 2021…

Ce rappel aux élections présidentielles américaines de 2016 et de 2020 n'est pas anodin. Certes, l'intensité dramatique demeure bien plus élevée aux Etats-Unis qu'en France mais l'idée consiste surtout à mettre en avant une similitude du côté français : les polémiques et les affaires ont davantage animé la période de campagne électorale plutôt que le contenu des promesses de chaque candidat. Il est souhaitable que cette observation ne devienne pas une tendance durable. C'est particulièrement malsain dans un environnement démocratique. Cela l'est d'autant plus dans un système politique où les grands enjeux de l'avenir du pays paraissent désintéresser l'électorat au point d'observer un taux d'abstention élevé quel que soit le scrutin organisé et la confirmation d'une popularité pérenne et croissante pour les candidats ou les listes incarnant la contestation. Cela devrait donner à réfléchir aux partis modérés qui en subissent les conséquences.

L'éclatement de la guerre en Ukraine n'a pas contribué à faire en sorte que la campagne électorale pour l'élection présidentielle passionne les foules. Le conflit en Europe de l'Est fait peur et interroge. Quelles seront les conséquences ? Existe-t-il un risque qu'il déborde et se répande dangereusement à proximité de nos frontières ? Les nouvelles du front ne sont pas rassurantes. Si beaucoup de Français saluent la résistance ukrainienne, nombreux sont ceux qui craignent les choix et les décisions de Vladimir Poutine : jusqu'où le Président de la Fédération de Russie peut-il aller ?

Il faut replacer les éléments dans leur contexte. En 2017, Emmanuel Macron est apparu puis s'est imposé sur la scène politique française à une vitesse fulgurante. Peu au départ croyaient en lui mais il avait gagné le soutien de grands noms de l'industrie française. Dès lors, il parvint à être identifié comme la nouvelle offre politique modérée pouvant permettre à ses compatriotes déçus par leurs votes précédents de s'exprimer sans s'abstenir ou bien en reportant leur voix aux contestataires. Son quinquennat ne fut pas de tout repos. Il s'attira rapidement les foudres des Français qui protestèrent massivement contre la réforme des retraites tandis que le mouvement des Gilets jaunes prit forme à compter de 2018. Début 2020, un ovni inattendu déferla sur la France et le monde : la crise sanitaire Covid-19. Entre une communication hésitante des autorités publiques et une situation sanitaire préoccupante nécessitant la prise de décisions inédites en France et dans le monde, l'Hexagone tomba dans la sinistrose. Les périodes de confinement ont été difficiles à vivre pour beaucoup de Français. Le télétravail, la propagation et la dangerosité du virus, les risques planant pour les entreprises et autres facteurs ont contribué à miner le moral de beaucoup de monde. Tous les jours, les médias évoquaient des problématiques de lits insuffisants dans les services de réanimation, des nouveaux cas de patients infectés, de décès imputés à la Covid-19… Pendant ce temps-là, le gouvernement parvenait difficilement à rassurer ses administrés. Personne n'était capable de dire combien de temps durerait cette crise sanitaire, quel en serait l'impact économique et les ravages en tous genres causés au sein de la population nationale. A la décharge des autorités publiques, nous nous retrouvions face à un problème inédit et d'envergure planétaire. Or il fallait prendre des décisions sans véritablement avoir cerné l'ensemble du problème. Cela revient à devoir tenir la barre d'un bateau sans aucune visibilité sur une mer déchaînée.

Depuis 2020, la crise sanitaire Covid-19 a été le grand centre d'intérêt des médias. Deux années plus tard, nous n'en sommes toujours pas sortis. En début d'année 2022, les autorités chinoises décidèrent d'imposer un nouveau confinement de la population à la ville de Shangaï. En France, à l'approche de l'été, il est désormais question d'une probable nouvelle vague à venir. Comme la plupart des économies nationales, celle de la France est repartie sur une dynamique positive mais la crise sanitaire a causé d'importants dégâts sur les finances publiques de l'Etat.

C'est dans ce contexte délicat, complètement incertain, que démarra la campagne électorale en vue de l'élection présidentielle. Comme si cela ne suffisait pas, l'actualité internationale ne se voulait guère rassurante, notamment en Europe orientale. Durant le premier semestre 2021, les vieilles querelles russo-ukrainiennes connurent un nouveau pic de tension qui laissaient déjà craindre le pire. Quelques mois plus tard, ces tensions s'intensifièrent à nouveau. Pour Emmanuel Macron, il était impératif d'intervenir sur ce dossier car le Royaume-Uni ayant déserté les rangs de l'Union européenne et l'Allemagne ayant récemment changé de chancelier après seize années de gouvernance Merkel, le chef de l'Etat français était sans doute la personnalité politique européenne qui devait tenter de parlementer avec Vladimir Poutine au nom des Vingt-Sept. Il ne ménagea pas ses efforts. Cette crise diplomatique survenait en pleine période électorale en France. Lorsque le Kremlin décida d'une intervention militaire en Ukraine, les deux grandes thématiques des médias furent alors concentrées sur cette opération aux allures de déclaration de guerre et l'élection présidentielle à venir.

Dans pareil contexte, la crise ukrainienne a manifestement le plus retenu l'attention de l'opinion publique française. Comment allait-elle évoluer ? En fin de compte, on ne peut pas affirmer qu'il y ait eu un véritable engouement des Français pour la campagne électorale. D'ailleurs, Emmanuel Macron donnait presque l'impression de la snober ! Il avait effectivement fort à faire pour la gestion de la crise ukrainienne. En même temps, avait-il intérêt à s'impliquer davantage dans une campagne où les uns et les autres devisaient sur des promesses électorales qui ne semblaient pas captiver l'attention des Français tandis que les efforts déployés par Emmanuel Macron dans la crise ukrainienne ne laissaient pas ces derniers insensibles ? Avec la crise ukrainienne, la cote de popularité d'Emmanuel Macron remonta.

Lorsqu'il fut élu cinq ans plus tôt, le Président de la République ne s'attendait sans doute pas à connaître un quinquennat aussi mouvementé. Quant à la crise ukrainienne, elle survenait dans une période où il espérait conquérir une seconde fois l'Elysée tandis que son pays devait assurer la présidence du Conseil européen pendant le premier semestre 2022. En d'autres termes, il n'avait pas d'autre choix que de s'impliquer personnellement dans une tentative de résolution de crise diplomatique… qui finit par échouer. Cet échec ne lui était évidemment pas imputable. Il fit son possible pour privilégier un apaisement diplomatique des tensions jusqu'à la survenance du point de non-retour. Toutefois, les Français ont globalement apprécié son action et ses initiatives dans cette crise ukrainienne.

Quant à ses adversaires ayant validé leur participation au premier tour de l'élection présidentielle, la crise ukrainienne a dû être ressentie comme une grande frustration, c'est-à-dire celle de vouloir exposer des plans de campagne électorale qui ne recevaient pas l'attention souhaitée. Les incertitudes planant autour de cette guerre eurent tôt fait d'accorder la primauté de l'information à l'évolution de la situation en Ukraine, considérant de plus que l'intervention militaire russe rencontra rapidement des difficultés inattendues et que la voix officielle du Kremlin commença à se faire de plus en plus menaçante. Depuis février 2022 et le lancement des opérations militaires, la Russie n'exclut pas de recourir à l'arme nucléaire tout comme elle n'hésite pas à évoquer l'hypothèse d'un basculement de cette crise vers une guerre mondiale. L'intensité dramatique de cette guerre a inévitablement généré un impact sur l'actualité politique nationale. Emmanuel Macron a su tirer son épingle du jeu au regard des circonstances. Finalement, les lumières étaient projetées sur lui en raison du rôle campé dans les efforts diplomatiques. L'actualité lui accordait donc une « publicité » que ses adversaires n'avaient pas. A l'évidence, elle lui a été bénéfique. Pour illustrer cette idée, rappelons que le Président sortant annonça sa candidature officielle le 3 mars 2022, c'est-à-dire cinq semaines avant la tenue du premier tour de scrutin. Deux jours plus tôt, un sondage sur la confiance des Français en Emmanuel Macron avait bondi de cinq points pour atteindre 40%. [9] Le 3 mars, un autre sondage portant sur l'inquiétude des Français au regard des événements survenant en Ukraine montrait que 86% [10] d'entre eux étaient soucieux de l'évolution de la situation. Pendant ce temps, l'image d'Emmanuel Macron s'améliorait au sein de l'opinion publique tandis que celle de ses adversaires se dégradait. Le lendemain, un nouveau sondage indiquait que six Français sur dix étaient satisfaits par la gestion de crise ukrainienne opérée par Emmanuel Macron. [11]

Ces trois références médiatiques tendent à montrer que les onze adversaires du Président sortant ont souffert de la crise ukrainienne et de son poids dans les médias. Cela montre surtout que cette guerre a davantage attiré l'attention des Français plutôt que les promesses électorales faites par les uns et les autres. Tout cela est à ajouter à la colère des Français voire au rejet que ces derniers affichent à l'égard de leurs leaders politiques. Alors qu'on le croyait impopulaire et possiblement victime de nombreux votes contestataires, la crise ukrainienne a permis à Emmanuel Macron de redevenir populaire au meilleur moment et d'annoncer sa candidature officielle tandis qu'il avait le vent en poupe. Son engagement dans la crise ukrainienne a légitimé quelque peu son absence notable des joutes oratoires en vue du premier tour électoral tandis que sa cote de popularité remontait en flèche en raison d'une affaire que

---

[9] Isabelle Ficek, « *SONDAGE EXCLUSIF - La cote de confiance de Macron fait un bond avec la crise en Ukraine* », www.lesechos.fr, 1er mars 2022

[10] Dinah Cohen, « *Guerre en Ukraine : l'inquiétude des Français grandit, l'image de Macron s'améliore* », www.lefigaro.fr, 3 mars 2022

[11] Isabelle Ficek, « *Sondage exclusif - Six Français sur dix satisfaits de la gestion de la crise en Ukraine par Emmanuel Macron* », www.lesechos.fr, 4 mars 2022

lui seul, en sa qualité de chef de l'Etat, pouvait satisfaire. Les hostilités en Europe de l'Est ont assurément eu un impact concernant le vote des Français, notamment le 10 avril, le jour où se déroula le premier tour de l'élection. C'est une évidence.

La configuration optimale pour Emmanuel Macron

Dans sa quête élyséenne, il existe un point commun entre les deux campagnes victorieuses d'Emmanuel Macron. Dans les deux cas, il bénéficia d'une configuration optimale pour battre ses adversaires. En 2017, il déboula sur la scène politique nationale tandis que les Français accordaient de plus en plus volontiers leur vote aux extrêmes. En 2022, bien que critiqué, il sut tirer profit d'une opposition éclatée et d'un contexte international pour lequel il retrouva en partie grâce aux yeux de l'électorat.

Comme cela a déjà été écrit, ses victoires n'émanent pas uniquement de son talent de stratège. Il a su analyser les failles à exploiter, celles qui lui permettraient de battre ses adversaires. Il a surtout su dompter son environnement pour faire en sorte qu'un alignement des planètes joue en sa faveur. Cela a été particulièrement le cas pour la campagne électorale de 2022. Populaire ou impopulaire, il a toujours pris en considération les circonstances du moment pour optimiser ses forces et appuyer sur les faiblesses de ses adversaires.

En 2017, il incarnait un vent de fraîcheur pour lequel ses pairs ne lui accordaient pas beaucoup de crédit pour la victoire finale. Il était jeune, il venait de créer un mouvement qui ne désirait manifestement pas se positionner sur l'échiquier politique et il n'avait aucune expérience d'élu à faire valoir. Jamais maire, jamais conseiller départemental ou régional, jamais parlementaire. Au diable les traditions ! Il était pressé et seul le palais de l'Elysée l'attirait ! Sa fougue et sa détermination étaient manifestes mais rares furent ceux lui accordant l'hypothèse d'un succès pour la course à la présidentielle. Il n'avait jamais fait campagne auparavant et se retrouvait face à de vieux briscards du paysage politique national. Son inexpérience risquait de jouer en sa défaveur. De plus, il s'était entouré d'une garde rapprochée certes talentueuse mais jeune. Le pari fut de privilégier l'analyse et la stratégie plutôt que l'expérience. Pour cela, il fallait composer avec la réalité de la vie politique nationale d'alors et apporter la petite touche personnelle qui ferait son effet sur l'opinion publique.

Pour beaucoup de Français, il était donné perdant. Qu'est-ce que les autres pouvaient avoir de plus ? Avec un peu de recul, le seul adversaire qui avait sans doute la possibilité de remporter la victoire finale était François Fillon, le candidat investi des Républicains. Or tout ne se passa pas comme prévu pour ce dernier. Cela a déjà été évoqué. Ces mauvaises publicité pesèrent assurément sur le choix des Français lors du premier tour de scrutin présidentiel. François Fillon renvoyait l'image d'un homme sérieux et intègre. Les Français avaient gardé de lui le souvenir d'un Premier ministre fidèle au Président de la République. Quand l'image d'Epinal s'écorne, la déception est souvent grande. Lorsque le Penelopegate éclata dans les médias, beaucoup de Français furent déçus. Ainsi donc, cet homme qui inspirait confiance était suspecté d'avoir triché et permis à son épouse de bénéficier de rémunérations lucratives pour des postes ou missions qui avaient attiré l'attention de la justice française. A l'approche d'une campagne électorale pour une élection présidentielle, cela faisait mauvais genre. De plus, pendant plusieurs semaines, une accumulation de nouveaux éléments exposés dans les médias faisait la une de l'actualité. Il était dès lors ardu de séduire et convaincre dans de telles conditions.

Il est difficile d'estimer le préjudice électoral pour l'ancien Premier ministre mais il ne fut devancé que de quatre cent soixante-cinq mille votes par Marine Le Pen. Au soir du premier tour, l'écart était donc relativement faible entre ces deux candidats mais joua en faveur de la représentante du Front National (21,3% contre 20%). Sans ces affaires pénalisantes, François Fillon avait de grandes chances d'accéder au second tour. Dans pareil cas, le duel l'opposant à Emmanuel Macron aurait sans doute été plus serré qu'avec Marine Le Pen. Les ennuis judiciaires du candidat républicain, l'affaire des costumes et la mauvaise gestion de crise ruinèrent les ambitions de François Fillon et « facilitèrent » la présence de l'extrême droite au second tour. Emmanuel Macron savait dès lors que les Français ne voteraient pas de la même manière en fonction de l'identité de l'adversaire qu'il aurait à affronter. En défiant Marine Le Pen, il savait ses chances de succès final accrues. Si la présence de cette dernière au second tour ne choqua pas autant les Français que celle de son père quinze ans plus tôt, les Français ne manifestaient pas l'envie d'accorder leur confiance à une personnalité représentant un extrême sur l'échiquier politique national. Emmanuel Macron n'allait pas manquer de saisir sa chance. Quelques semaines plus tard, il serait conforté par une majorité absolue à l'Assemblée nationale.

Depuis lors, les temps ont changé. L'enthousiasme populaire initial se transforma peu à peu en grogne nationale. Celui qui suscitait tant d'attentes chez ses électeurs allait peu à peu voire son impopularité grimper. La crise des Gilets jaunes devait symboliser son impopularité croissante. Les manifestants avaient mis en place un système de protestation dénonçant la politique fiscale déployée par le Président de la République et le sentiment de rejet d'une partie de la population que les personnes concernées ne tardèrent pas à exprimer. Ce mouvement essaima un peu partout en France et fut marqué par sa longévité. Entre temps, l'intervention des forces de l'ordre fut souvent critiquée. Beaucoup de manifestants dénoncèrent des interventions disproportionnées des forces policières. Chez ces dernières, la mobilisation était telle que des voix commencèrent à dénoncer des conditions de travail qui minaient le moral des troupes. En 2020, la crise sanitaire Covid-19 débarqua sur l'Europe et n'épargna pas la France. Pendant un temps déboussolée par l'ampleur de la crise sanitaire, la communication hésitante du gouvernement ne rassura pas les Français. Certes, le contexte était inédit. En revanche, les Français critiquèrent massivement l'attitude et la communication d'Emmanuel Macron lorsque les premiers vaccins furent commercialisés. Beaucoup dénoncèrent un comportement s'éloignant de l'esprit démocratique ainsi qu'une communication aussi arrogante qu'inappropriée au regard des droits et libertés fondamentaux. Sa cote de popularité ne faisait que chuter. Pour beaucoup, la perspective d'une réélection en 2022 devenait une hypothèse hautement improbable. Cela étant, le Président de la République n'avait pas manifesté son intention de se représenter. Il laissait planer le mystère. Au regard des critiques dont il faisait l'objet, il était sans doute avisé de ne rien afficher quant à ses ambitions futures. Il était inutile de faire une annonce qui allait manifestement être critiquée par l'opinion publique. Pourtant, des sondages montraient qu'en dépit des critiques, son niveau de popularité était excellent en comparaison de ceux de ses prédécesseurs à cinq mois d'une l'élection présidentielle. En octobre 2021, 44% des Français estimaient qu'il était un bon Président de la République. [12] D'ailleurs, on en oublierait presque que son niveau de popularité fut rarement inférieur à 40% depuis avril 2020. [13]

Un élément contribua à dynamiser les opinions positives le concernant : la crise ukrainienne. L'avis des

[12] *« Sondage : 44 % des Français estiment qu'Emmanuel Macron est un « bon président » »*, www.publicsenat.fr, 23 novembre 2021
[13] *« Diriez-vous qu'Emmanuel Macron est un bon président ? »*, fr.statista.com, 2022

Français devint peu à peu favorable au gré des interventions de leur Président en vue d'éviter la guerre. Il a effectivement été la personnalité occidentale la plus active sur le dossier, celle qui a cherché à enrayer l'escalade des tensions et à apaiser une ambiance pesante qui laissait craindre le pire. Il a été un ardent défenseur de la paix. Il a eu du cran. Peu à peu, l'opinion publique vit Emmanuel Macron autrement. D'autre part, il était devenu manifeste qu'il serait la principale option modérée pouvant faire opposition à des leaders contestataires ou populistes. S'il n'y avait pas eu la crise ukrainienne, le Président sortant n'aurait sans doute pas été auréolé d'une opinion publique lui étant à nouveau favorable. Son implication dans cette dernière a plu aux Français.

Pendant ce temps, la campagne électorale battait son plein mais ne semblait pas passionner les foules. La perspective d'un embrasement de la guerre en Ukraine a quelque peu éclipsé les enjeux électoraux à venir. En Russie, la communication officielle du Kremlin se voulait menaçante. Cela relégua presque l'actualité de la campagne électorale au second plan. De plus, lorsque les hostilités éclatèrent en Europe orientale, Emmanuel Macron n'avait pas encore officiellement déclaré être candidat à sa réélection. Il laissait planer le doute. Il se laissait désirer. L'actualité électorale n'était manifestement pas sa priorité : il était focalisé sur l'évolution de la situation. Après l'échec de ses tentatives diplomatiques, il fallait surtout s'assurer que l'intervention militaire russe ne se propageât pas à plus grande échelle.

Lorsqu'il annonça sa candidature début mars, il restait alors cinq semaines de campagne électorale avant la tenue du premier tour. Il ne fit rien comme les autres. A sa décharge, il était toujours le chef de l'Etat et d'autres priorités accaparaient son agenda officiel. Il tira avantage de la situation. Pendant que ses adversaires sillonnaient la France afin de séduire l'électorat, il consacrait peu de temps à sa campagne électorale tandis que ses interventions sur la crise ukrainienne lui accordaient une opinion favorable croissante des Français. Enfin, ses principaux adversaires étaient des gens classés aux extrêmes ou proches de ces derniers. Ils étaient trois et chacun semblait parti pour obtenir de bons résultats à l'issue du premier tour. C'était du pain bénit pour Emmanuel Macron. Il était le seul modéré disposant d'intentions de vote en faisant un candidat éligible au second tour. De même, en ayant trois adversaires « populaires » et crédités d'intentions de vote élevées face à lui, le vote contestataire voire sanction allait par conséquent être réparti, ce qui allait nécessairement faire baisser le score de ce dernier, notamment pour Eric Zemmour et Marine Le Pen. Quant aux intentions de vote destinées aux candidats modérés, elles laissaient augurer des catastrophes électorales pour Valérie Pécresse et Anne Hidalgo qui avaient pourtant affiché de grandes ambitions pour cette élection. En d'autres termes, l'alignement des planètes ne pouvait pas être plus favorable à Emmanuel Macron en vue du premier tour. D'ailleurs, le 10 avril, il avait non seulement assuré sa présence pour le second tour mais il arriva de plus en tête. Il avait mis en pratique cette fameuse maxime tirée d'une fable de La Fontaine qui postule que *« rien ne sert de courir ; il faut partir à point. »* [14] C'est précisément ce qu'il fit. Il se lança le dernier dans la bataille électorale et ne fit qu'un seul débat de campagne en vue du premier tour. Il se tint à la Défense Arena de Paris et rassembla plusieurs dizaines de milliers de militants. Ce seul meeting suffit à lui faire passer l'écueil que constituait le premier tour.

---

[14] Jean de La Fontaine, *« Le lièvre et la tortue »*, *Fables*, livre VI, Paris, 1668

La confirmation d'un rapport de confiance tendu avec l'électorat

Si aucune loi ne prévoit de disposition imposant le vote obligatoire pour toute personne inscrite sur les listes électorales, quelle que soit l'élection, on ne peut obliger quiconque à se rendre dans un bureau de vote. Les plus critiques fustigeront l'attitude abstentionniste. « Vous disposez d'un droit de vote et vous ne l'exercez pas ! ». Dans un système démocratique comme celui de la France, pour un pays qui s'est tant battu pour les droits de l'Homme et les libertés fondamentales, l'abstention peut effectivement être perçue par certains comme une hérésie. Pour ma part, je vois le problème différemment.

Premièrement, s'il est possible de s'abstenir, c'est que tout citoyen en a le droit. C'est un moyen d'expression. Ce n'est pas celui que je cautionne le plus mais dès lors qu'on a le droit de ne pas aller voter, chacun est libre d'agir comme bon lui semble. Deuxièmement, lorsque le taux d'abstention est élevé, ce qui est devenu une tendance lourde depuis les années 2000, il convient de s'interroger sur les raisons poussant les Français à bouder aussi massivement les bureaux de vote. C'est précisément là que le bât blesse. Rares sont les autocritiques. On préfère dénoncer l'attitude de ceux qui ne daignent plus voter plutôt que de chercher à comprendre pourquoi les abstentionnistes sont devenus le premier parti de France. Beaucoup ne croient plus en leurs dirigeants, qu'ils soient de gauche, de droite ou du centre. Pour certains, plutôt que d'accorder leur vote aux extrêmes, ils préfèrent s'abstenir ou plus rarement voter blanc. Des militants ne veulent désormais plus aller voter. D'ailleurs, les partis politiques communiquent difficilement sur leur nombre d'adhérents mais en 2017, il existait, semble-t-il, un décalage important entre les statistiques déclarées par les grands partis politiques nationaux et le nombre de leurs adhérents à jour de cotisation. [15] Dans une publication de 2021, un article consacré aux militants des partis politiques nationaux montrait que leur nombre diminuait sans cesse et que ces derniers représentent désormais moins de 1% des électeurs de France. [16] Cela tend à renforcer la thèse d'un électorat manifestant son désamour, sa colère, son incompréhension ou encore sa déception à l'égard des partis politiques et de leurs figures dirigeantes.

La baisse du nombre des adhérents n'est pas anodine. Elle dénote une lassitude ainsi qu'une conclusion lapidaire : ils ne croient plus en ceux qu'ils soutenaient activement naguère. Pour les partis politiques, la pilule est amère. Tous ces gens faisant défection représentent des cotisations qui ne seront plus perçues. Au-delà de cette déduction comptable, il semblerait qu'aucune prise de conscience n'ait été faite pour essayer de comprendre les raisons qui poussent les adhérents à ne plus militer.

Lors de chaque soirée électorale, un éternel refrain revient sur le devant de la scène. Celui qui est position de force est précisément celui qui ne gagne pas ! Il est en position de force car il lui est possible de réciter son chapelet de critiques à l'égard de l'adversité et d'octroyer les bons et les mauvais points à chacun (souvent les mauvais !). Plus prosaïquement, dès lors qu'on n'assume aucune responsabilité, il est permis de flinguer à tout-va et d'affirmer que tel candidat ou parti représente un danger pour la gouvernance politique, économique et sociale de la France. Ce sont parfois ces mêmes dirigeants politiques qui furent un jour au pouvoir et qui ne parvinrent pas en leur

---

[15] *« Partis politiques : les vrais chiffres des adhérents »*, www.francetvinfo.fr, 17 novembre 2017
[16] Rémi Lefebvre, *« Les derniers militants des partis autopsiés »*, www.lours.org, 2 décembre 2021

temps à satisfaire les attentes des électeurs puisqu'ayant été battus depuis lors par d'autres forces politiques. Il est si facile de critiquer ! Cela fait certes partie des jeux de communication dispensés lors des soirées électorales. La France est un système démocratique donc chacun dispose du droit de s'exprimer librement. En revanche, pour les amateurs de critiques, ils n'agiraient pas de la sorte s'ils avaient remporté l'enjeu électoral du moment. Il fallait davantage convaincre pour tenter de remporter le scrutin ! De même, pour ceux qui avaient déjà connu l'expérience du pouvoir, il fallait ne pas décevoir les Français lorsqu'ils étaient à la barre de la France !

Il ne faut pas croire que le Français soit une girouette doublée d'un éternel râleur versatile. L'électeur français vote en son âme et conscience. Il changera de vote s'il n'est pas satisfait de ses derniers choix électoraux. Cela paraît logique ! Le problème se pose lorsque ces électeurs ont changé l'orientation de leur vote à plusieurs reprises, notamment pour les partis politiques et candidats modérés, tandis que plus personne ne leur apporte satisfaction.

Le vote pour les extrêmes ne résulte pas du hasard. Lorsqu'on constate que ces derniers obtiennent davantage les faveurs de l'électorat, il serait faux de croire que ces partis politiques ou listes s'appuient sur une base militante conséquente. Ce n'est pas le cas. A l'échelle française, cela doit concerner quelques dizaines de milliers d'adhérents. En revanche, l'élection présidentielle et le premier tour de l'élection législative de 2022 ont montré que les deux extrêmes ont chacun obtenu plusieurs millions de votes exprimés. Cela démontre surtout que l'électeur est désormais moins hésitant à accorder sa voix pour un extrême tandis que par le passé, ce vote était très minoritaire puisque les grands partis modérés concentraient l'essentiel des suffrages exprimés. En 2022, ce n'est plus le cas. Au premier tour de l'élection présidentielle, les candidats étant classés aux extrêmes ont recueilli la majorité des suffrages exprimés. Quant à l'abstention, que dire de plus si ce n'est qu'elle caractérise l'expression d'une lassitude durable d'une partie de l'électorat ? Il est dramatique de constater que plus d'un électeur inscrit sur deux ne s'est pas déplacé aux urnes pour l'élection des députés. Ces derniers représentent le peuple. C'est grave. Le désintérêt manifesté à l'égard des élections législatives ne doit pas être perçu comme une énième anomalie regrettable constatée lors des soirées électorales. Un taux d'abstention aussi élevé doit sérieusement alerter l'univers politique : qu'est-ce qui ne va pas ?

Je suis intimement convaincu qu'il ne se produira pourtant aucun électrochoc. On continuera de déplorer l'abstentionnisme sans pour autant chercher à y remédier. La vérité est implacable : la France propulse traditionnellement au sommet de l'exécutif des hommes politiques modérés. Les Français ne votent plus pour eux car ils ont été déçus. Ils se tournent donc vers d'autres offres politiques. C'est ce qui permit à Emmanuel Macron de conquérir l'électorat national aussi rapidement en 2017 mais il est temps de réaliser que l'offre politique modérée séduit de moins en moins les Français plus enclins à voter pour les extrêmes. D'ailleurs, pour ce qui relève de l'extrême droite, je me souviens d'un temps pas si lointain lors duquel le Front National puis le Rassemblement National connurent un soutien électoral croissant tandis que rares étaient leurs électeurs assumant leur vote. Cette tendance est révolue. Beaucoup exposent ouvertement leur choix de vote pour l'extrême droite. Il y a moins de tabou autour de la question.

Il est temps que les partis traditionnellement au pouvoir comprennent que l'électorat n'attend pas d'eux des campagnes électorales promettant de la magie pour ensuite servir de l'illusion. Beaucoup d'engagements de campagne ne sont pas tenus parce qu'ils n'étaient pas réalistes. A décharge, d'autres ne le sont pas pour d'autres raisons. Je peux évoquer le programme énergétique d'Emmanuel Macron en 2017 lorsqu'il faisait la part belle aux énergies renouvelables et souhaitait réduire le poids du secteur nucléaire dans la production d'électricité en France. Il s'avéra qu'il ne put tenir cet engagement. Il ne s'agissait pourtant pas d'une promesse de gascon. La donne énergétique a évolué d'une manière qui a convaincu le Président de la République de ne pas réduire le poids du secteur nucléaire dans la production d'électricité pour des raisons économiques. C'était le meilleur moyen de ne pas faire exploser la facture énergétique de la France. Malheureusement, en règle générale, toutes les promesses non tenues ne peuvent se prévaloir d'une telle explication.

Beaucoup d'électeurs ont longtemps voté pour la même tendance politique avant de s'orienter vers un autre choix politique voire l'abstention. Cela signifie que pour beaucoup d'entre eux, le temps de la réflexion a été long avant de changer de choix de vote ou de s'abstenir. C'est le signe manifeste que la relation de confiance entre l'électorat et les élus n'est pas survenue brutalement ou accidentellement. La France demeure un pays où il y a régulièrement eu de l'alternance politique. En d'autres termes, les grands partis modérés ont eu à plusieurs reprises l'occasion de faire leurs preuves… mais insuffisamment puisque le taux d'abstention se maintient à des niveaux élevés, peu importe la nature de l'élection, tandis que les votes accordés aux extrêmes sont toujours plus nombreux. Rien n'est le fruit du hasard. J'ai fait référence au tabou de naguère de confesser un vote accordé aux extrêmes, notamment au Front National, il fut un temps encore pas si lointain ; ces mêmes électeurs sont désormais décomplexés et expriment plus facilement leur orientation de vote. C'est devenu normal. C'est surtout un moyen de fustiger les partis ou listes qui ont déçu.

Beaucoup de suffrages exprimés en faveur des extrêmes demeurent contestataires mais tendent à se normaliser. Il y a comme une fidélisation du vote pour les extrêmes qui a pris racine en France. J'ai déjà expliqué l'évolution du vote en faveur de Jean-Luc Mélenchon et de Marine Le Pen aux élections présidentielles depuis 2012 ; il n'y a plus de doute à avoir. 29% à eux deux en 2012, 40% en 2017 et 45% en 2022, depuis une décennie, la progression de chacun est manifeste au point qu'à deux reprises, la candidate du Rassemblement National remporta le droit de défier Emmanuel Macron pour la grande finale. Je m'interroge sur l'échéance présidentielle de 2027. Si les partis modérés ne veulent pas assister à une victoire finale d'un extrême, il leur sera impératif de ne pas consumer définitivement le capital sympathie de l'électorat qui tend à s'amenuiser toujours plus.

De même, je constate également qu'une victoire de Marine Le Pen à la présidentielle n'aurait sans doute pas été confortée par une majorité à l'Assemblée nationale. Les partis politiques de droite ne veulent pas entendre parler d'alliance avec l'extrême droite. En d'autres termes, si le Rassemblement National était parvenu à conquérir l'Elysée, il y aurait eu une cohabitation, un cas de figure inédit puisque portant sur l'intégralité d'un mandat présidentiel… J'y reviendrai dans un autre chapitre. En revanche, le son de cloche est différent à gauche. La France Insoumise scelle des alliances avec d'autres partis politiques. L'alliance Nupes a ratissé large. Les écologistes et les socialistes ont volontiers uni leurs forces en vue de l'échéance législative. Il n'était pas incongru d'imaginer que cette liste arrivât en tête au nombre de députés acquis le 19 juin 2022, au soir du deuxième tour.

Pour la majorité présidentielle, ce fameux deuxième tour n'avait rien d'une promenade de santé. Elle n'avait aucunement l'assurance d'obtenir une majorité, même relative, au sein de l'hémicycle. Nupes pouvait battre la liste Ensemble. Pour rappel, Jean-Luc Mélenchon fut battu de peu au soir du 10 avril, à l'issue du premier tour de scrutin présidentiel. Il obtint 21,95% des suffrages exprimés. L'écart avec Marine Le Pen fut donc légèrement supérieur à quatre cent mille votes. Il n'était pas si loin de gagner son pari d'être présent au second tour contre Emmanuel Macron. Qui sait comment les Français auraient voté dans pareil cas ?

Je m'interroge car le Rassemblement National fait toujours l'objet d'une diabolisation qui lui procure une image lui collant à la peau et qui le désigne comme un danger pour l'avenir démocratique de la France. Ce n'est pas le cas pour La France Insoumise. Autant il y a effectivement eu une mobilisation de la part de plusieurs leaders politiques appelant à voter en faveur d'Emmanuel Macron afin de faire barrage à Marine Le Pen, autant je suis convaincu que Jean-Luc Mélenchon n'aurait jamais fait l'objet d'une telle initiative à orienter le vote des Français. S'il y avait plus de deux millions de voix d'écart entre Emmanuel Macron et Jean-Luc Mélenchon au soir du premier tour et considérant qu'en dépit du barrage fait au Rassemblement National l'écart définitif entre les deux finalistes ne fut que de dix-sept points (il était de trente-deux points en 2017), je me demande si Jean-Luc Mélenchon n'aurait pas eu une chance de remporter l'élection en cas de présence au second tour. De même, au regard des résultats des listes pour l'échéance législative, la figure emblématique de la gauche radicale actuelle aurait pu faire coup double : conquérir l'Elysée et s'assurer une majorité à l'Assemblée nationale. Contrairement à Emmanuel Macron, il aurait sans doute bénéficié d'un état de grâce qui lui aurait peut-être permis d'obtenir une majorité relative voire absolue dans l'hémicycle (dans le cas de figure de l'alliance Nupes). En clair, il n'est pas impossible qu'un tel scénario ne se produise pas en 2027. Pour la première fois, la France pourrait avoir pour chef de l'Etat un politique classé aux extrêmes et éventuellement suivi par une majorité parlementaire. Ce serait inédit. Pourtant, le scénario est crédible au regard de la progression du vote alloué aux extrêmes depuis une décennies lors des élections présidentielles.

L'évolution du vote en faveur des extrêmes est telle qu'une victoire de l'un d'eux lors d'une prochaine élection nationale ne serait pas accidentelle. Le lien de confiance entre l'électorat et les élus peut s'apparenter à l'image de la corde sur laquelle on tire. Selon le proverbe, elle ne rompt pas soudainement. Le cas de figure se produit à force d'efforts répétés. Il en va de même pour l'orientation du vote des Français. La montée des extrêmes, les votes blancs et les abstentions sont les signaux visibles montrés aux forces modérées que la corde est sur le point de céder. Rien ne s'est opéré brutalement. C'est survenu progressivement. Toutefois, c'est comme s'il y avait une once d'arrogance des modérés considérant que les Français manifestent leur mécontentement tout en n'osant pas franchir le cap d'assurer une victoire à un extrême. Il serait temps de considérer que les extrêmes peuvent remporter des élections à portée nationale. Dans bien des cas, les soutiens accordés à ces forces politiques ne relèvent plus du vote contestataire à titre exceptionnel. Ce temps est révolu. Ces votes sont désormais régulièrement renouvelés par leurs auteurs.

Je ne puis conclure ce chapitre sans rappeler que les votes sont démocratiquement exprimés en France. En d'autres termes, les partis situés aux extrêmes ont légitimement le droit d'exister dans la vie politique nationale au même titre que tout autre parti dès lors qu'il respecte les règles du jeu en vigueur. Lorsque j'entends des représentants de partis, voire des leaders s'indigner de la poussée des extrêmes, il me semble que personne ne pousse quiconque, en France, dans les isoloirs, à glisser un bulletin en faveur d'un candidat, d'un parti ou d'une liste représentant un extrême. Le vote est libre. Il n'est pas dirigé. Chacun effectue son choix sans aucune contrainte. Dès lors, s'en prendre aux scores élevés des partis situés très à gauche ou très à droite, cela revient à ne pas respecter le libre choix de l'électeur. Deuxièmement, je rappelle encore une fois que la base militante des extrêmes n'est pas composée de pléthore d'individus. Ces partis n'ont pas toujours eu des millions d'électeurs leur accordant leur vote. De nos jours, il y a effectivement des millions de Françaises et de Français qui votent à l'extrême tandis qu'ils ont pendant longtemps voté pour les partis traditionnellement aux manettes de la France. Considérant ces proportions, les forces modérées n'ont manifestement pas pris en considération les différents avertissements lancés par les électeurs ces dernières années. Jean-Luc Mélenchon et Marine Le Pen ne sont pas devenus des poids lourds de la politique nationale par hasard. Je ne suis même pas convaincu que leur communication soit si performante pour séduire l'électorat ; en revanche, j'ai la certitude qu'ils récupèrent facilement ceux qui ne croient plus en leurs anciens champions. Je vais aller plus loin dans ma réflexion : les extrêmes ont sans doute de fortes chances de conserver un électorat élevé tant qu'ils n'auront pas été amenés à prendre en main la destinée de la France. Quant au soutien des Français dans pareil cas de figure, il s'agit

d'une autre histoire pour laquelle je ne dispose pas de boule
de cristal.

Partis modérés et oubli des leçons passées

Il s'agit d'un constat immuable et le jugement sera sévère : les partis modérés peuvent critiquer la percée des extrêmes et leur ancrage dans le vote français, il leur est désormais temps d'opérer une autocritique. Pendant longtemps, ces derniers ont eu la possibilité de piloter la gouvernance exécutive et législative du pays. Qu'en ressort-il ? Un électorat désabusé qui n'hésite désormais plus à s'abstenir massivement, à voter blanc ou à opérer des votes contestataires qui deviennent peu à peu des votes d'adhésion. A un moment donné, il faut arrêter de se lamenter sur le comportement électoral des Français et de jouer la carte de l'indignation ou de l'incompréhension. Ceux qui se plaignent ont déçu. Pendant trop longtemps, ils n'ont pas donné satisfaction à leurs électeurs. De même, il s'avère que les Français ont tout de même été patients. Certains ne manqueront pas de me faire remarquer que lorsque les Français sont mécontents, ils descendent dans la rue. Cela est vrai mais je puis opposer ceci : malgré les piqûres de rappel matérialisées par les mouvements sociaux, les partis modérés ont pendant longtemps été largement sollicités par l'électorat. Aujourd'hui, ce n'est plus le cas.

Les Français ont pour la plupart tourné le dos aux forces modérées auxquelles ils ne croient plus et n'accordent plus leur confiance. Lorsqu'on en arrive à ce point, il n'y a aucun hasard. L'effondrement de ces forces politiques a ceci de choquant que leurs scores électoraux sont désormais dérisoires. Je ne vais pas revenir sur les scores cumulés par les candidates socialiste et républicaine lors de la dernière élection présidentielle. Cette tendance s'est confirmée lors des élections législatives. Au-delà de ce constant désolant pour les grands partis politiques de naguère, je ne vois pas comment ces derniers ne vont pas définitivement aboutir à la création de nouvelles entités partisanes. Il ne s'agit plus de parler de « famille ». Personne n'est dupe. Il n'y a aucune union sacrée au sein de ces partis. D'ailleurs, lorsqu'on se penche sur les partis centristes, que peut-on constater lors des dernières élections législatives ? Ils n'étaient pas tous sur la même liste ! Le parti UDI était allié avec Les Républicains tandis que le MoDem avait rejoint la majorité présidentielle (François Bayrou s'était déjà rapproché d'Emmanuel Macron depuis longtemps). Il ne s'agit que d'un exemple. Je m'adresse à vous, les forces modérées : comment voulez-vous convaincre l'électorat alors que vous ne présentez aucune cohésion ?

Je remarque que votre chute a connu une forte accélération ces dernières années. Depuis la première élection d'Emmanuel Macron, vous n'avez cessé de perdre en poids électoral. Cela s'est particulièrement vérifié lors des échéances présidentielles de 2017 et de 2022. Cela s'est vu pour les élections législatives de cette année même si La France Insoumise et le Rassemblement National n'ont finalement récolté « que » cent soixante-treize sièges à eux deux. Mais le problème est ailleurs. Naguère, le Parti Socialiste, le grand parti centriste et la droite modérée (RPR puis UMP notamment) raflaient le gros des sièges. Lorsque je constate que l'alliance Les Républicains - UDI - Divers droite ne pèsera que soixante-quatorze députés dans cette nouvelle Assemblée nationale, leur poids ne fait que décliner de législature en législature. Le Parti Socialiste se retrouve paré de vingt-huit représentants. Ce dernier fait de plus partie d'une alliance qui a toutes les chances d'éclater en raison de l'hétérogénéité de ces « membres ». Pour exister, il faut donc s'allier. Je me rappelle une époque où le gros parti de la droite et le Parti Socialiste parvenaient à conquérir un nombre considérable de sièges lors des élections législatives. Le scrutin majoritaire les avantageait. C'est ce qui a contribué à ce que l'extrême droite ne dispose traditionnellement que de très peu d'élus dans l'hémicycle… Quatre-vingt-neuf députés du Rassemblement National avec ce mode de scrutin, ce n'est plus un énième avertissement adressé aux partis modérés : le vote contestataire est en train de se muer en vote d'adhésion. Or ces électeurs ne sont pas près de retourner vers un vote plus modéré. Ils ne pourront pas être déçus par un parti politique qu'ils soutiennent mais qui ne détient pas les clés du pouvoir.

Les élections municipales de 2020 ont montré que LREM n'avait pas réussi à opérer un ancrage local. Le soir du second tour, les autres forces politiques se gargarisaient en déclarant que le Président Macron venait de subir un cuisant échec. Ma foi, c'est vrai que les candidats étiquetés LREM n'ont pas fait l'unanimité en France mais cela n'a pas empêché Emmanuel Macron d'être réélu à la tête du pays en 2022 et de voir son parti politique être la première représentation partisane à l'Assemblée nationale avec cent soixante-quinze députés malgré les dires de l'opposition. Ce ne sont pas tant les mauvais résultats de LREM qui attirèrent mon attention à l'issue du second tour des dernières élections municipales mais plutôt la vague verte qui déferla sur plusieurs des plus grandes municipalités de France : Marseille, Lyon, Bordeaux, Strasbourg, Besançon, Annecy ou encore Tours. Quatre des dix plus grandes municipalités de France ont désormais un maire vert alors que ce parti politique n'a jamais été autant sollicité par l'électorat. Lille faillit également basculer dans le giron vert. La réélection de Martine Aubry se joua à deux cents votes. La grande ville du Nord est pourtant un ancien bastion socialiste puisque les Lillois votent socialiste sans discontinuer depuis 1955. A l'exception de la parenthèse René Gaifie, élu en 1947, le vote socialiste est ancré dans ce le chef-lieu du Nord depuis 1919… Pourtant, un candidat

EELV a bien failli rafler cette municipalité qui semblait pourtant acquise au maire sortant.

La vague verte de 2020 a plutôt été suivie en 2022. Le candidat à l'élection présidentielle, Yannick Jadot, ne récolta que 4,63% des suffrages exprimés, soit un score légèrement inférieur à celui de Valérie Pécresse et décevant pour le leader d'une force politique qui a gagné en popularité ces dernières années à l'échelle nationale. En revanche, EELV a obtenu des résultats satisfaisants lors des élections législatives puisque vingt-trois députés siègeront à l'Assemblée nationale lors de la prochaine législature. En 2017, un seul candidat vert avait remporté sa circonscription. Cela démontre une belle progression du vote pour le parti écologiste… et la confirmation que l'électorat d'antan accordé aux partis qui occupaient l'essentiel de la scène politique nationale est en train de migrer vers d'autres horizons.

Les élections municipales de 2020 ont apporté une confirmation supplémentaire allant dans le sens d'un vote en déclin pour le Parti Socialiste et Les Républicains (anciennement UMP lors des élections municipales de 2014) même au niveau local puisque ces deux partis ont perdu quatre des dix plus grandes municipalités qu'ils détenaient. Je constate surtout qu'il est difficile de prendre la succession de personnalités emblématiques. Cela s'est vu à Bordeaux ou à Marseille. Ce qui vaut pour la vie politique locale l'est tout autant à l'échelle nationale. Le constat est le même pour les socialistes, les centristes ou les républicains de droite. Tous partagent le point commun de n'avoir aucune grande figure faisant autorité et étant perçue comme le chef de file incontesté. On peut me rétorquer que François Bayrou est la grande figure du MoDem, ce qui est au demeurant vrai. En revanche, n'est-il pas l'homme qui, en 2007, lança son propre parti politique après une élection présidentielle où il arriva en troisième position à l'issue du premier tour ? Avec l'apparition du MoDem, c'est la vie centriste nationale qui se scinda. Depuis 2012, aucun candidat ne s'est plus présenté à aucune élection présidentielle. C'est le signe manifeste qu'aucune grande figure n'est capable de fédérer autour d'elle et de séduire l'électorat au niveau national.

Il me vient à l'esprit cette fameuse locution latine : *errare humanum est, perseverare diabolicum.* [17] Je le maintiens, le déclin du vote pour les forces modérées n'est pas récent. Il commença à se manifester à une époque où ces partis politiques détenaient encore la responsabilité de la gouvernance exécutive et législative de la France. Toutes ces forces politiques ont connu depuis lors une baisse de soutien populaire. A ce jour, personne n'incarne « la figure emblématique, le chef de file incontesté, le leader charismatique » chez les socialistes, les centristes ou les républicains. Deuxièmement, le renouvellement générationnel tarde à arriver et on a du mal à identifier des figures montantes. Troisièmement, l'absence de figure tutélaire au niveau national va de pair avec le morcellement de tous ces partis. En d'autres termes, tout le monde sent qu'il n'y a aucune cohésion et que les règlements de compte à OK Corral sont nombreux dès lors que des résultats électoraux insatisfaisants viennent plomber le moral des troupes. Plutôt que de se serrer les coudes, les avis divergent au sein d'une même famille politique au point que l'on sent poindre de futures scissions. C'est au demeurant très révélateur de l'état d'esprit global qui règne au sein de la scène politique française : dès qu'il y a un désaccord, on se sépare. Il est inutile d'épiloguer sur le fait que les alliances scellées au sein des listes en vue des élections législatives promettent de futurs feux d'artifice flamboyants

---

[17] Note de l'auteur : littéralement « l'erreur est humaine, persévérer est diabolique ».

lorsque les uns et les autres commenceront à soulever des nœuds de discordance… En France, on n'a pas la culture du compromis. On s'allie lorsqu'on défend des intérêts communs jusqu'au moment où la petite contrariété de départ prendra peu à peu l'aspect d'un divorce en devenir. Ce constat est d'autant plus vrai au sein des familles politiques en crise. Quatrièmement, j'ai l'impression que si ces dernières sont arrivées à ce point de désamour chez les Français jouissant de leurs droits civiques, c'est qu'elles n'ont pas suffisamment pris en considération les avertissements passés exprimés par le vote ou le non-vote. Pendant longtemps, il fut question de vote contestataire mais les partis concernés pouvaient encore espérer récupérer l'électorat temporairement parti. Ce n'est désormais plus le cas. L'électorat parti ne reviendra pas car le vote contestataire est devenu un vote adhésion. A force de tirer sur la corde, elle finit par casser.

Le constat est implacable. Dans un système démocratique, tout élu dispose d'un « crédit indulgence » au sein de l'électorat. C'est à lui qu'incombe la responsabilité de comprendre que ce dernier est en voie de consumation lorsqu'il se rend compte de la baisse de ses soutiens électoraux. « Pourquoi vote-t-on moins pour moi ? Ai-je déçu ? Comment est-ce que mes concurrents séduisent mes électeurs ? » Toutes ces questions induisent cette interrogation : « comment puis-je remédier à cela ? » Un élu devient perdant lorsqu'il n'a pas su répondre à ces interrogations… ou lorsqu'il n'a tout simplement pas pris la peine de se les poser. Pour ma part, je m'interroge sur le fait que les forces politiques modérées ne fassent que constater les dégâts sans être capables d'enrayer la dynamique de l'abstention et de la poussée du vote contestataire voire extrême. Ces tendances sont effectivement devenues durables. Dans l'hypothèse d'un blocage institutionnel à venir, je ne suis pas certain que cela ait pour effet de réconcilier les Français avec le vote.

Autopsie de la débâcle des Républicains

Décembre 2021, à quelques mois de l'échéance présidentielle, le camp républicain choisit son représentant officiel. Au départ, ils étaient cinq. Après un premier tour, il devait rester deux finalistes. A la fin, c'est Valérie Pécresse qui remporta la grande responsabilité de représenter la droite modérée. Pour la première fois, une femme serait la candidate officielle de ce camp politique dans l'histoire de la Vème République. Son élection n'avait rien d'incongru. Elle avait légitimement gagné le droit de présenter sa candidature puisqu'elle avait été désignée par les militants de son parti. L'actuelle présidente du Conseil régional d'Ile-de-France n'était pas une inconnue sur la scène politique française. Toutefois, certains s'interrogeaient : son personnage et son discours séduiraient-ils ?

Le 10 avril 2022, une humiliation s'abattit comme le couperet d'une guillotine sur la tête de Valérie Pécresse : avec moins de 5% des suffrages exprimés au premier tour, elle sortait par la petite porte de la course à la présidentielle. Score historiquement bas et pas assez élevé pour obtenir le remboursement des frais de campagne, il lui fallut recourir à un appel aux dons pour rembourser son volumineux emprunt portant sur plusieurs millions d'euros. Elle se retrouva en difficulté à titre personnel en raison des engagements pris auprès des banques. Quant au parti républicain, un score aussi calamiteux ne pouvait que laisser une terrible gueule de bois à ses têtes d'affiche et ses militants. Jamais, ô combien jamais, le parti qui fut naguère l'UMP ou le RPR dans une époque encore plus lointaine n'avait connu un tel camouflet au sortir d'une élection, qui plus est pour une échéance présidentielle ! Valérie Pécresse fut-elle donc si mauvaise dans son opération séduction auprès des Français ?

On a évidemment le droit de ne pas être d'accord avec ses idées et son programme. On a le droit de la critiquer. Certes. Toutefois, il semblerait que la débâcle du 10 avril ne soit pas imputable à la seule Valérie Pécresse. Ce résultat inattendu dans ces proportions n'est que la conséquence ultime d'un mal qui ronge le parti républicain depuis de nombreuses années. En d'autres termes, il n'est pas certain que ses adversaires du premier tour de la primaire interne auraient obtenu davantage de votes exprimés le jour de la grand-messe présidentielle. On pourra toujours disserter sur le prétendu manque de charisme ou d'aura dégagé par Valérie Pécresse, un programme qui n'a pas suffisamment pris en considération l'offre électorale proposée par les candidats positionnés plus à droite qu'elle, etc. L'ancienne ministre, députée et porte-parole du gouvernement n'était pas une inconnue du public français. Elle n'était pas la personnalité la plus impopulaire du paysage politique national. Pourtant, à l'annonce des résultats officiels, elle n'arriva qu'en cinquième position et n'obtint qu'un quart du score réalisé par François Fillon en 2017 tandis que ce dernier était alors empêtré dans des affaires médiatisées qui nuisirent à sa quête du graal suprême.

En réalité, depuis de longues années, la droite modérée n'a jamais su traiter les maux internes qui la rongent. Plus prosaïquement, elle n'a jamais été en mesure de trouver un successeur à Nicolas Sarkozy, un véritable chef qui parvienne à s'imposer en raison d'une autorité naturelle et que tout le monde suivrait. Beaucoup voulurent prendre la succession du dernier président de la droite modérée mais personne n'est parvenu depuis lors à sortir du lot et à rassembler. C'est bien le problème : un leader doit fédérer autour de lui. Or chez Les Républicains, l'impression qui se dégage est plutôt celle d'une ambiance de règlements de compte. D'ailleurs, le premier tour de la primaire républicaine fut riche d'enseignements. A l'exception de Philippe Juvin qui avait séduit 3% des électeurs s'étant exprimés, Xavier Bertrand, Michel Barnier, Eric Ciotti et Valérie Pécresse avaient tous obtenu au moins 22% des voix exprimées. Trois points séparaient le premier (Eric Ciotti) du quatrième (Xavier Bertrand). Un tel résultat montrait que quelque chose clochait. Aucune figure ne se distinguait des autres. En 2017, pour la même élection interne, François Fillon avait récolté 40% des votes exprimés au premier tour, tout en ayant face à lui Nicolas Sarkozy et Alain Juppé. L'élection interne organisée en décembre 2021 montrait surtout que le vainqueur final n'aurait eu en amont le soutien que d'un électeur sur quatre… chez les sympathisants ayant voté. Malheureusement, un tel constat n'augurait rien de bon pour les ambitions présidentielles du parti.

A l'issue du second tour de l'élection primaire, Valérie Pécresse remporta son duel contre Eric Ciotti. Le député des Alpes-Maritimes reconnut aussitôt sa défaite et annonça devant les médias qu'il apporterait naturellement tout son soutien et son aide à son adversaire. En d'autres termes, le discours de l'union sacrée et de la famille politique était de sortie. Pourtant, il sonnait terriblement faux. En effet, lors de cette reconnaissance de défaite, Eric Ciotti en profita pour lâcher un missile : bienveillant à l'égard de sa cheffe de file, il lui conseillait toutefois de reprendre quelques idées qu'il avait lui-même suggérées lors de sa campagne interne, estimant que celles de Valérie Pécresse n'étaient manifestement pas assez prononcées à droite… C'était la démonstration publique qu'il n'y avait aucune union sacrée chez les Républicains. Eric Ciotti a-t-il ainsi tout faussé ? Non. D'ailleurs, le premier tour de l'élection présidentielle lui donna raison : les deux candidats qui étaient assimilés à l'extrême droite ou proches de cette tendance recueillirent près d'un tiers des suffrages exprimés. En clair, le programme proposé par Valérie Pécresse n'allait pas dans le sens des attentes de l'électorat qui avait par exemple soutenu Eric Zemmour, le nouveau venu sur la scène politique française. L'analyse est implacable : la concorde partisane n'était qu'une illusion, un écran de fumée.

En politique, il y a un grand paradoxe entre les règles en vigueur pour lesquelles tous les coups sont quasiment permis et la proximité que l'on cherche à montrer au grand public lorsqu'on parle de famille. L'image classique que chacun a de la famille, normalement, c'est celle d'un clan uni dont chaque membre tire dans le même sens. Certes, vous pourrez toujours me rétorquer que dans une famille, il y a des ruptures, des divorces, des trahisons et autres coups pernicieux pouvant jusqu'à la faire éclater. Cela est vrai. Toutefois, lorsqu'on essaye de convaincre et de séduire l'opinion publique que tout le parti se retrouve à l'unisson derrière son champion tandis que les uns et les autres affirment leur soutien indéfectible tout en flinguant sa campagne électorale au travers de conseils ou recommandations qui se veulent prévenants, l'électorat comprend aussitôt qu'il n'y a aucune union sacrée. Comment pouvait-il en être autrement chez Les Républicains avec un écart aussi serré entre les quatre premiers candidats au premier tour de la primaire ? En d'autres termes, le cocktail mélangeant le fait qu'aucune figure ne soit au-dessus de la mêlée auquel on ajoute cette impression globale d'un parti fracturé faisait que la campagne électorale de Valérie Pécresse ne pouvait pas se dérouler dans des conditions optimales. De même, les conseils d'Eric Ciotti étaient sans doute bien avisés concernant le ton plus ferme devant être donné à la campagne. Il fallait consulter les intentions de vote accordées à Marine Le Pen, à Eric Zemmour et à Jean-Luc Mélenchon pour comprendre que ces trois trublions avaient de fortes chances d'accaparer une bonne partie des suffrages du premier tour. Si les panels interrogés manifestaient leur intention d'accorder majoritairement leur voix à l'un de ces trois candidats, il fallait en comprendre les raisons. Premièrement, ces trois personnes s'exprimaient sans fard sur ce que l'électorat souhaitait entendre. Deuxièmement, ils captivaient l'attention de nombreux Français déçus par les partis traditionnels au pouvoir. Il fallait donc que Valérie Pécresse cherche à se démarquer pour attirer l'attention. Elle a manifestement échoué dans cette entreprise.

Je reviens sur les intentions de vote accordées à Marine Le Pen, Eric Zemmour et Jean-Luc Mélenchon. En France, la méthodologie des sondages est fiable. Les instituts de sondage se trompent rarement dans leurs prévisions. Lorsqu'il y a erreur, cela signifie que l'écart entre des candidats ou des listes était infime et qu'il était par conséquent difficile de discerner une tendance définitive. Le 21 avril 2002, lorsque les médias annoncèrent sur les coups de vingt heures qu'une énorme surprise était en passe de secouer le paysage politique français, pour beaucoup la présence de Jean-Marie Le Pen au second tour apparaissait comme un tremblement de terre d'une magnitude inégalée dans l'Hexagone. Lionel Jospin se retrouvait écarté de la course à l'Elysée. Le même soir, ce dernier fit une allocution lors de laquelle il annonça se retirer de la vie politique. Pour les sympathisants socialistes, un tel scénario était inimaginable. Comment cela avait-il été rendu possible ? La réponse est très simple. Pendant les mois précédant le premier tour, une tendance durable était observable : celle d'un rétrécissement constant des écarts portant sur les intentions de vote accordées à Lionel Jospin et Jean-Marie Le Pen. Les premiers sondages montraient un écart important, tellement béant qu'il paraissait insurmontable et que tout laissait croire que Lionel Jospin serait présent au second tour. Le temps passant, l'écart rétrécit lentement jusqu'au point où les derniers jours précédant le premier tour de scrutin, quelques enquêtes montrèrent que les intentions de vote octroyées à Jean-Marie Le Pen dépassaient celles attribuées à Lionel Jospin. Les courbes s'étaient croisées. En somme, la présence de Jean-Marie Le Pen au second tour était tout sauf une surprise. Ce fut un choc pour la France mais ce n'était définitivement pas une surprise.

Cette parenthèse sur les sondages a pour but de montrer qu'avec un premier tour électoral se profilant et pour lequel il y aurait vraisemblablement plus de dix candidats (douze finalement approuvés par le Conseil constitutionnel), lorsqu'on constate que trois candidats concentrent près de la moitié des intentions de vote pendant plusieurs semaines, cela doit alerter n'importe quel autre candidat ambitieux. A cela, Emmanuel Macron fit longtemps mystère de son intention de se représenter mais en dépit de son impopularité, il disposait tout de même de partisans. Ainsi, pendant plusieurs semaines, lorsqu'on associait les intentions de vote accordées aux quatre « favoris » (d'ailleurs les instituts de sondage avaient vu juste), cela laissait entendre que les huit autres candidats allaient récolter et se partager dans les 30%, voire moins, des suffrages exprimés au premier tour… Cela signifie que la catastrophe électorale subie par le parti républicain et Valérie Pécresse était annoncée. Cela signifie également que les arguments présentés n'ont pas convaincu, sans doute trop lisses par rapport à ceux de la concurrence. Il serait facile après coup de tirer à boulets rouges sur la présidente de la région Ile-de-France. Il est certain que pour obtenir un score aussi bas, sa campagne électorale n'a pas été bonne. Cela étant, cette distanciation des Français vis-à-vis du parti républicain n'incombe pas qu'à la seule responsabilité de Valérie Pécresse. Cette dernière a eu le malheur de connaître l'humiliation d'un résultat apocalyptique pour un poids lourd traditionnel de la vie politique nationale. En réalité, cela faisait de nombreuses années que le parti républicain s'aventurait dangereusement sur une pente descendante.

La dernière fois que la droite a remporté une élection présidentielle, c'était en 2007. En politique, quinze ans, c'est une éternité. L'heureux vainqueur de l'époque se nommait Nicolas Sarkozy. Il succédait à Jacques Chirac qui sortait de douze années d'expérience élyséenne. L'ancien maire de Neuilly-sur-Seine était populaire dans son camp. Il avait laissé une trace marquante lors de ses passages à la Place Beauvau, lorsqu'il fut le ministre de l'Intérieur. C'était un portefeuille ministériel risqué pour tout ministre décevant ses concitoyens mais qui pouvait s'apparenter à un tremplin pour celui qui procurait satisfaction. Lors de cette expérience ministérielle, Nicolas Sarkozy donna l'impression d'être partout et de faire montre d'un don stupéfiant pour l'ubiquité. Son style plaisait. Il se déplaçait et affrontait les problèmes. Sa communication était tranchante. Tantôt elle plaisait, tantôt elle suscitait la polémique… mais elle ne laissait personne insensible. Tout le monde se souvient de sa volonté de *« nettoyer au Kärcher la cité »* ou de s'en prendre aux *« racailles »*. Les Français avaient de lui l'image d'un homme dynamique et résolument déterminé à s'en prendre à ceux qui comptaient transgresser ou contester les règles de droit de la République. Il était alors le premier flic de France et il avait surtout compris que l'image qu'il renvoyait pouvait déterminer la suite de sa carrière politique. A Beauvau, il ne fallait pas se rater.

Un petit rappel historique s'impose. En novembre 2003, lors de son premier passage à Beauvau sous le gouvernement Raffarin, le journaliste Alain Duhamel demanda à Nicolas Sarkozy s'il lui arrivait de penser à l'élection présidentielle en se rasant le matin. La réponse du principal intéressé fusa et est depuis lors entrée dans les annales : *« pas simplement quand je me rase. »* [18] Le ton était donné. Depuis ce jour, toute la France savait que son ministre de l'Intérieur d'alors nourrissait des ambitions présidentielles. Ce dont on se souvient moins, c'est qu'il occupa par deux fois cette fonction ministérielle. La première fut donc sous le gouvernement Raffarin. La seconde le fut sous le gouvernement Villepin. Souvenez-vous que Dominique de Villepin et Nicolas Sarkozy faisaient partie de la garde rapprochée de Jacques Chirac. Le second, cependant, campa le rôle du traître lorsqu'il apporta son soutien à la candidature d'Edouard Balladur pour l'élection présidentielle de 1995, qui vit malgré tout la victoire finale de Jacques Chirac. Entre l'ancien maire de Paris et Nicolas Sarkozy, plus rien ne serait jamais plus comme avant. En mai 2005, Dominique de Villepin fut nommé Premier ministre. Il faut savoir que lorsqu'on nourrit des ambitions présidentielles, il ne faut jamais accepter ce poste en période de convergence politique car le chef du gouvernement est celui qui abat tout le sale travail et reçoit les coups pour protéger le Président de la République. Cela étant, entre Dominique de Villepin et Nicolas Sarkozy, ce n'était pas l'amour fou. Bien au contraire, leurs relations étaient connues pour être difficiles voire glaciales. Ainsi, le nouveau Premier ministre confia une nouvelle fois le ministère de la Place Beauvau à son pire ennemi, pensant ainsi le mener sur une pente savonneuse. Nicolas Sarkozy accepta volontiers le défi, en plus de l'Aménagement du territoire. Il donna satisfaction et son image auprès des Français s'en retrouva auréolée. Il présenta sa candidature en vue de l'élection présidentielle et

---

[18] *Nicolas Sarkozy « Pas simplement quand je me rase »*, dans 100 minutes pour convaincre, www.ina.fr, 20 novembre 2003

arriva largement en tête à l'issue du premier tour avec six points d'avance sur la candidate socialiste Ségolène Royal.

Lors du débat de l'entre-deux-tours, il fit montre d'une parfaite maîtrise de soi tandis qu'il poussa son adversaire à perdre son sang-froid… et ne manqua pas de lui faire remarquer. Les six points du premier tour furent conservés à l'issue du second. Nicolas Sarkozy partit en route pour l'Elysée.

Pendant son quinquennat, tout ne se déroula pas comme il l'eût souhaité. A l'approche de l'échéance présidentielle de 2012, sa popularité n'était plus au beau fixe. Il tenta de briguer un second mandat consécutif. Il passa l'écueil du premier tour mais perdit son duel face à François Hollande. Cette défaite électorale était surtout marquée du sceau du vote contestataire. François Hollande ne gagna pas parce qu'il était le plus populaire. Les Français voulurent surtout sanctionner Nicolas Sarkozy. Ce dernier fut défait sans pour autant perdre l'aura qu'il avait au sein de son parti. Il en était incontestablement le numéro un. Or c'est précisément le virage de l'après-Sarkozy que le parti républicain ne sut prendre. Personne n'a depuis lors été en mesure de s'imposer comme la nouvelle figure charismatique de la droite modérée.

Sous la présidence Hollande, il apparaissait que beaucoup de Français avaient conservé une certaine rancœur à l'égard de Nicolas Sarkozy. En novembre 2016, le parti républicain opta pour une élection primaire ouverte à tous les électeurs. Sept candidats se lancèrent dans la campagne. François Fillon, Alain Juppé, Nicolas Sarkozy, Jean-François Copé, Nathalie Kosciusko-Morizet, Bruno Le Maire et Jean-Frédéric Poisson confrontèrent leurs idées pour obtenir l'investiture du parti. Le premier tour offrit un verdict retentissant. Tandis que beaucoup avaient espéré voir Nicolas Sarkozy obtenir la légitimité pour représenter les chances électorales de la droite modérée, ce dernier arriva en troisième position, derrière François Fillon (le futur vainqueur de la primaire) et Alain Juppé. Le département des Alpes-Maritimes incarna le malaise ambiant qui secouait le parti républicain. Le président du Conseil régional de Provence-Alpes-Côte d'Azur d'alors, Christian Estrosi, avait soutenu la candidature de Nicolas Sarkozy. Or Christian Estrosi n'était plus le maire de Nice (il l'est redevenu depuis lors) depuis quelques semaines. Il était devenu le premier-adjoint au maire Philippe Pradal mais les Niçois avaient à l'époque peu goûté à cette manœuvre. Après sa campagne active de soutien à son ami Nicolas Sarkozy en vue du premier tour de la primaire républicaine, il apparut que les Alpes-Maritimes et les Niçois en particulier votèrent massivement en faveur de François Fillon.

Cet exemple n'est pas anecdotique. Il montre surtout que quelque chose avait grippé la machine du parti républicain. L'ambiance n'y était pas au beau fixe. D'ailleurs, cela s'était déjà vu au travers des élections législatives de 2012 et de 2017. En 2012, François Hollande parvint à obtenir une majorité parlementaire confortable sur fond d'alliance avec d'autres mouvements de gauche. En revanche, l'UMP était parvenue à rafler cent quatre-vingt-quatorze sièges à l'Assemblée nationale. En 2017, l'UMP avait dans l'intervalle changé de nom pour devenir Les Républicains et n'obtint que cent sièges au palais Bourbon. Le grand parti de la droite modérée venait de perdre près de la moitié de ses sièges.

Portons notre attention sur les élections régionales survenues pendant le XXIème siècle. Leur analyse est intéressante. Ce sont souvent des élections délaissées par les électeurs. Il faut donc comprendre que le taux d'abstention est élevé. Il faut observer que les Français ne votent pas de la même manière en fonction de la nature de l'élection. En effet, le contraste est saisissant entre les élites exécutives et législatives dirigeantes et celles amenées à présider les conseils régionaux. Lorsque la droite est au pouvoir, les régions vont à gauche et inversement. Ainsi, sous les présidences Chirac et Sarkozy, lors des élections régionales de 2004 et de 2010, un raz-de-marée de gauche prit d'assaut les régions : dans les deux cas, vingt-trois régions sur vingt-six furent remportées par les factions de la gauche française. Pour les élections régionales de 2015, un redécoupage des régions avait été opéré. Leur nombre fut réduit à dix-sept. En pleine présidence Hollande, la droite conquit huit régions contre sept pour la gauche, la Martinique et la Corse étant remportées par des listes régionalistes.

En 2021, alors que la popularité d'Emmanuel Macron n'était pas au mieux, la gauche remporta huit régions contre sept pour la droite. La première impression fut d'affirmer qu'au regard du taux d'abstention dépassant 65% pour les deux tours de scrutin à l'échelle nationale, beaucoup de Français avaient boudé le Président de la République et lui avaient affiché leur mécontentement. C'était probablement le cas. De plus, la région la plus peuplée de France venait de basculer à droite. Cela était-il un signe que les électeurs de cette région voteraient massivement en faveur d'un candidat de droite en 2022 ? Juste une petite observation : la tête de liste du camp vainqueur se nommait Valérie Pécresse. La droite remporta aisément cette région. Moins d'un an plus tard, elle obtint le score le plus bas pour un candidat du grand parti de la droite modérée de toute l'histoire de la Vème République.

Enfin, comment ne pas évoquer les élections municipales de 2020 ? Elles furent certes perturbées par la crise sanitaire Covid-19. En revanche, sur les quarante-deux villes françaises de plus de cent mille habitants, dix-sept maires sortants étaient étiquetés Les Républicains. Seuls quatorze furent élus en 2020. Certains ne s'étaient pas représentés comme Alain Juppé à Bordeaux ou Jean-Claude Gaudin à Marseille. Les deux villes furent remportées par un candidat d'EELV bien qu'in fine, la mairie de Marseille soit désormais dirigée par un maire socialiste. Cela montre surtout que la relève n'était pas assurée chez Les Républicains tandis que ces deux municipalités comptent parmi les plus peuplées de France. Le cas de Perpignan est également intéressant puisque le maire sortant fut battu par Louis Aliot du Rassemblement National. Enfin, comment ne pas faire référence au cas de Nice ? Le maire sortant, Christian Estrosi (il était redevenu maire de la ville après avoir démissionné de la présidence du Conseil régional de Provence-Alpes-Côte d'Azur), fut bien réélu avec l'étiquette Les Républicains. Depuis lors, il a démissionné du parti pour rejoindre Horizons d'Edouard Philippe. Parmi les dix municipalités les plus peuplées de France, Les Républicains ne comptent qu'un seul maire : Jean-Luc Moudenc à Toulouse. Cela fait désespérément peu pour le grand parti de la droite française.

Tous ces exemples confirment la thèse que la catastrophe électorale de 2022 n'était pas une surprise. Il y a bien longtemps que ce parti ne joue plus les premiers rôles sur la scène politique nationale… et locale. Personne n'a jamais réussi à faire oublier Nicolas Sarkozy au sein du parti tandis que ce dernier avait pu constater en 2017 que les Français ne voulaient définitivement plus le voir revenir aux affaires. Depuis lors, le parti n'a toujours pas trouvé la grande figure capable de redorer son image à l'échelle nationale.

Une nation en cours de fracturation

En fin d'année, la Coupe du monde de football se tiendra au Qatar. L'équipe de France ira au Moyen-Orient défendre son titre, quatre ans après sa victoire obtenue en Russie. Si le titre mondial fut célébré comme il se doit, il n'avait pas la même saveur que celui acquis en 1998. Premièrement, c'était alors la première fois que la France atteignait le sommet du football planétaire. Deuxièmement, ce succès fut remporté à domicile. Troisièmement, à l'époque des faits, la France ne partait pas favorite de l'épreuve. Quant à sa finale d'anthologie contre le Brésil de Ronaldo et de tant d'autres grands joueurs, tout le monde s'en souvient. Elle paracheva en apothéose un parcours exemplaire et ponctué d'un refrain définitivement entré dans la légende nationale : et un, et deux, et trois zéro !

Ce match de football créa quelque chose d'inattendu en France. Le portrait de Zinedine Zidane, grand artisan de la victoire finale, fut projeté sur l'Arc de Triomphe, les Champs Elysées ayant alors été pris d'assaut. De mémoire nationale, cette artère si célèbre de Paris n'avait plus été fréquentée de la sorte depuis la Libération. Cette soirée du 12 juillet 1998 est définitivement restée dans toutes les mémoires. La France célébrait à l'unisson cette victoire historique de la bande à Aimé Jacquet, le sélectionneur de l'équipe nationale. On parla alors de France « blanc, black, beur ». L'ambiance était festive. La France était heureuse. Elle l'était, sans doute, mais pendant un temps éphémère. La réalité reprit alors rapidement le dessus.

Le triomphe des Bleus en 1998 fut une parenthèse enchantée dans une France qui connaissait une vie politique et sociale agitée. Jacques Chirac la présidait depuis 1995, année qui vit des réseaux islamistes perpétrer plusieurs attaques terroristes meurtrières pendant l'été et l'automne.

Deux ans plus tard, la dissolution de l'Assemblée nationale vira au cauchemar pour la majorité présidentielle. La gauche plurielle, menée par le Parti Socialiste, remporta la majorité absolue des sièges à pourvoir au palais Bourbon. Après deux expériences de cohabitation vécues sous les deux septennats de François Mitterrand, une troisième expérience de la sorte allait cette fois-ci survenir pour une durée de cinq ans… Un quart de siècle plus tard, cette fameuse dissolution de l'Assemblée nationale interpelle toujours les politologues : était-ce un coup de génie ou bien une initiative inopportune ? Cette cohabitation ne fut pas la période la plus inoubliable pour les Français. En revanche, en 2002, ces derniers manifestèrent leur mécontentement lors des élections présidentielles. Le premier tour vit un taux d'abstention supérieur à 28%. Le vote fut éclaté en raison de la participation de seize candidats dont la candidature avait été validée par le Conseil constitutionnel. Il était prévisible que le vote serait dispersé. Cela n'arrangea pas les affaires du candidat socialiste et Premier ministre sortant Lionel Jospin. Le soir du 21 avril, la stupeur figea la France lorsque la confirmation tomba : le duel Chirac - Jospin du second tour n'aurait pas lieu. Jean-Marie Le Pen avait gagné in extremis le droit de participer au duel final.

Cette élection présidentielle de 2002 fut riche en enseignements. Premièrement, sous la Vème République, jamais les deux finalistes d'un tel scrutin n'avaient obtenu un score aussi bas à l'issue du premier tour. Jacques Chirac et Jean-Marie Le Pen récoltèrent moins de 37% des suffrages exprimés. D'ailleurs, jamais un candidat arrivé en tête n'avait obtenu moins de 20% des suffrages exprimés. Il y avait par conséquent quelque chose de bancal dans la vie politique nationale. Tout comme Emmanuel Macron en 2022, Jacques Chirac était impopulaire en 2002 mais parvint à sortir en première position à l'issue du 21 avril

2002. Deuxièmement, le coup de tonnerre symbolisé par la présence du Front National au second tour provoqua une mobilisation sans précédent puisque le paysage politique national appela les électeurs à des consignes de vote. Le taux de participation au second tour frôla les 80%. Troisièmement, le score de Jean-Marie Le Pen au premier tour ne devait rien au hasard. On oublie qu'un autre candidat incarnant l'extrême droite avait tenté sa chance en 2002 en la personne de Bruno Mégret. Ces deux personnalités cumulèrent plus de 19% des suffrages exprimés au premier tour. En d'autres termes, un votant sur cinq avait donné sa préférence à l'extrême droite. Le vote contestataire devait être entendu. La France n'était pas soudainement devenue un pays attiré par les extrêmes et notamment animé par une vision identitaire de la société nationale. Quatrièmement, la présence de Jean-Marie Le Pen au second tour marqua les esprits. L'impopulaire Jacques Chirac fut réélu grâce à un score stalinien et put compter quelques semaines plus tard sur une majorité absolue à l' Assemblée nationale. C'est aussi pour cette raison que je m'interroge toujours sur les véritables motivations de la dissolution de l'Assemblée nationale en 1997. A court terme, les Français exprimèrent leur désapprobation et hissèrent une majorité de gauche dans l'hémicycle. A plus long terme, les conséquences pour la gauche, et en particulier pour le Parti Socialiste, furent désastreuses. Absence au second tour de l'élection présidentielle de 2002 puis débâcle aux élections législatives qui survinrent peu après. La droite modérée devait être dominante pour une décennie. De même, en 2012, si le candidat socialiste François Hollande gagna le scrutin présidentiel, il dut en partie sa victoire aux électeurs qui votèrent contre Nicolas Sarkozy. Il ne s'agissait aucunement d'une nouvelle popularité exprimée à l'égard de la gauche socialiste.

J'en reviens à l'élection présidentielle de 2002 et à son contexte. Pour la première fois, les électeurs se prononcèrent aussi massivement en faveur de l'extrême droite. Si une grande partie de cet électorat était d'ordre contestataire, cela montrait surtout que de nombreux Français avaient préféré reporter leur vote à un extrême plutôt que de l'accorder à un candidat plus modéré au premier tour. Cette année-là, il y eut un nombre record de candidats au premier tour. Le vote global avait ainsi toutes les chances de se retrouver dispersé et c'est ce qui contribua à ce que les deux premiers obtinssent des scores aussi faibles à l'issue du premier tour. Cela étant, malgré l'offre électorale pléthorique, l'extrême droite séduisit près d'un votant sur cinq. Jean-Marie Le Pen avait déjà rassemblé près de 15% des suffrages exprimés lors des échéances présidentielles de 1988 et de 1995. En 2002, son score fut suffisant pour accéder au second tour. Une conclusion s'imposait : la confirmation d'un score tendant vers le haut pour le Front National n'était pas une nouveauté. Jean-Marie Le Pen commença à « scorer » au-delà de 10% aux élections présidentielles après l'expérience de la première cohabitation. Depuis lors, il conserva un électorat élevé qui s'avéra croissant par la suite. En 2002, il aurait pu voir son score baisser en raison du nombre élevé de candidats au premier tour. Il n'en fut rien. Au contraire, son score progressa.

Ce dernier point est remarquable. Cela signifie que l'électorat avait un message à faire passer à ses élites dirigeantes. Les effets escomptés ne furent sans doute pas ceux attendus puisque la présence du leader frontiste au second tour mobilisa la France comme jamais et aboutit à ce score ahurissant en faveur de Jacques Chirac. En d'autres termes, le vote était contestataire au premier tour mais les Français n'étaient visiblement pas enclins à accorder leur confiance à une personnalité située à un extrême de l'échiquier politique national. Pourtant, le coup de semonce du 21 avril 2002 fit date. La victoire de Jacques Chirac laissa entrevoir que l'électorat entendait avertir ses dirigeants modérés tout en leur renouvelant une fois de plus sa confiance. D'autre part, cela signifiait également que quelque chose n'allait pas au sein de la société nationale.

Le quinquennat de Jacques Chirac fut marqué par une volonté du durcir le ton. Lors de la cohabitation pilotée par Lionel Jospin, c'était le Parti Socialiste (et ses alliés de gauche) qui dirigeait la France. Cette gouvernance n'avait manifestement pas séduit la majorité des Français. La présence du Front National au second tour de l'élection présidentielle fut ressentie comme un choc. Il fallait donc faire en sorte de séduire à nouveau les Français qui avaient opté pour un vote contestataire. Ils étaient nombreux. Un ministère attirait l'attention : l'Intérieur. Le gouvernement Raffarin II fut constitué après la victoire écrasante de l'UMP aux élections législatives de 2002. Qui fut nommé à la Place Beauvau ? Nicolas Sarkozy. Le Premier ministre misa sur une personnalité qui entendait faire passer un message à la population nationale, une personnalité qui avait pour souhait de s'attaquer à l'insécurité, aux incivilités et autres dysfonctionnements qui, aux dires du Front National notamment, nuisaient à l'ensemble de la société française. Pour le gouvernement, il fallait satisfaire les Français qui avaient accordé leur vote à Jean-Marie Le Pen ou à Bruno Mégret en avril 2002. La première mission de Nicolas Sarkozy à la Place Beauvau avait donc pour but de marquer les esprits, de montrer que l'autorité de l'Etat ne devait aucunement être remise en question. Les règles de la République devaient s'appliquer de la même manière à tous sur l'ensemble du territoire national. L'action ministérielle du futur Président élu en 2007 fut très médiatisée à l'époque. Il importait pour le gouvernement d'alors de démontrer à l'opinion publique que le ministère de l'Intérieur s'attachait à faire régner l'ordre et à s'attaquer à ceux qui s'aventuraient à le troubler. Le tout fut agrémenté d'une communication habilement travaillée pour marquer les esprits. Nicolas Sarkozy était omniprésent et partout. L'effet était garanti. Pour beaucoup de Français, il était un ministre actif qui menait des actions concrètes. Sa popularité ne fit que croître... autant que ses ambitions personnelles.

En 2007, l'action ministérielle de Nicolas Sarkozy lors de ses deux passages à la Place Beauvau porta ses fruits : il était devenu le grandissime favori de l'élection présidentielle. Lors du premier tour, le taux d'abstention fut relativement bas puisque légèrement supérieur à 16%. Quant aux résultats électoraux, ils furent sans appel : Nicolas Sarkozy arriva en tête avec plus de 31% des suffrages exprimés, un bon score pour un premier tour. Quant à Jean-Marie Le Pen, il finit quatrième, derrière Ségolène Royal et François Bayrou. Son score fut de 10,44%, bien loin de celui de 2002. Ce recul du vote frontiste peut s'expliquer par le fait que cette figure de l'extrême droite était vieillissante. Il allait avoir soixante-dix-neuf ans. Quant à son discours, il était immuable : toujours dénonciateur, accusateur et identitaire. La recette gagnante de 2002 n'avait plus le même pouvoir de séduction cinq ans plus tard. Nicolas Sarkozy était passé par là entre temps et avait acquis une popularité grandissante en raison de son action ministérielle dont le but était de ravir les insatisfaits de 2002 ayant opté pour un vote contestataire en faveur du vieux lion frontiste. La menace extrémiste semblait donc écartée. Pour Jean-Marie Le Pen, il s'agissait de sa dernière bataille en vue d'une échéance présidentielle.

Marine Le Pen devint la nouvelle dirigeante du Front National. Elle était attendue au tournant. Cette fille de savait qu'il lui faudrait faire ses preuves et s'imposer comme le véritable leader du mouvement frontiste. Il n'était pas simple de succéder à son père, la figure charismatique et emblématique de l'extrême droite française pendant plusieurs décennies. Entre temps, la présidence Sarkozy faisait ressortir de nouvelles critiques chez les Français. La popularité de ce dernier déclina au point qu'au soir du premier tour de l'élection présidentielle de 2012, François Hollande vira en tête, disposant d'une avance inférieure à un point et demi sur Nicolas Sarkozy (28,6% contre 27,2%). Il n'y avait rien d'irréversible mais l'abstention avait augmenté de quatre points par rapport à 2007 tandis que son score avait baissé de quatre points en comparaison de sa campagne victorieuse. Quant à Marine Le Pen, elle arriva en troisième position mais auréolée d'un score flatteur de 17,9%. Pour sa première campagne présidentielle, elle obtint sept points et demi de mieux que son père en 2007. Elle avait surtout récolté deux millions six cent mille votes exprimés de plus que son père. Cela signifie qu'elle était définitivement devenue le numéro un du Front National. Depuis lors, ses relations avec son père se sont dégradées. D'autre part, au regard de la baisse des soutiens adressés à Nicolas Sarkozy, il était manifeste qu'une partie de l'électorat avait à nouveau opté pour un vote sanction en faveur de l'extrême droite. Ainsi, l'orientation du vote des Français tendait à montrer que la société française était en proie à des maux que les arguments frontistes ne laissaient pas indifférente. En premier lieu, la question identitaire demeurait au cœur des attaques et autres dénonciations du parti.

Au fil du temps, Marine Le Pen s'est employée à donner une image plus respectable de son parti. Elle a adopté une communication plus « douce », c'est-à-dire plus policée et moins polémique. Cette stratégie de communication semble opérer dans un contexte national où l'électorat se détourne des partis modérés. Il y a sans doute de nombreux facteurs qui motivent les votants à s'exprimer davantage en faveur des extrêmes et notamment de l'extrême droite. Dans les années 2010, la France a connu plusieurs attentats islamistes. D'autre part, des jeunes gens ayant grandi en France sont partis faire la guerre en Syrie et en Irak. Il y a eu la crise des migrants qui a concerné une grande partie de l'Europe et généré des dissensions au sein de l'Union européenne quant à la politique d'accueil des migrants, les problématiques sécuritaires et autres enjeux qui ont mis en évidence un manque d'unisson aux sein de ses Etats membres. On semblerait l'oublier, mais l'Union européenne a pendant un temps pris ses distances avec les Etats-Unis pendant la présidence Trump. Pendant quelques années, la Chine put réaliser d'importants investissements en Occident et prendre le contrôle d'entreprises ou d'infrastructures tandis qu'en Europe de l'Est, la crise ukrainienne ne trouvait pas d'issue pacifique et s'éternisait. L'environnement géopolitique incertain a sans doute trouvé écho auprès de l'électorat plus enclin à défendre des idées protectionnistes pour la France. Ce ne sont là que quelques exemples mais ces derniers tendent à montrer que dans un climat d'incertitude voire de peur, on se tourne plus facilement vers celui qui proposerait à ses concitoyens de les protéger davantage face à des menaces.

Pour le Rassemblement National, deux grandes menaces pèsent sur la France : la première est interne et porte sur la dénonciation de dangers liés à un manque d'unité nationale. La deuxième est externe et dénonce l'Union européenne et ses politiques économiques ou encore migratoires. Ce parti politique comporte dans sa dénomination l'adjectif « national ». Je ne peux m'empêcher de faire allusion à une définition apportée par Ernest Renan, datant du 11 mars 1882, lorsque lors d'une conférence donnée à la Sorbonne sur la thématique *« Qu'est-ce qu'une nation ?»*, il sacralisa cette dernière comme *« un plébiscite de tous les jours »*. Cette formule, demeurée célèbre, indique qu'une nation se caractérise par la volonté de vivre ensemble. Il allait dans le sens de Fustel de Coulanges qui, quelques années plus tôt, avait réfléchi à ce que pouvait revêtir la nation et avait fini par conclure qu'elle n'engageait ni la langue ni la race. Les individus formant une nation partagent d'autres choses : des idées, des souvenirs, des sentiments ou affections. Tout cela, chaque individu doit le porter dans son cœur.

Ainsi, pour Fustel de Coulanges et Ernest Renan, la perception de la nation différait de la conception allemande qui s'appuyait davantage sur des critères incluant précisément la langue ou le sang. La conférence d'Ernest Renan survint quelques années après la guerre contre la Prusse et la défaite de Sedan de 1870. La France perdit l'Alsace et la Lorraine. Le Second Empire prit fin. La IIIème République vit le jour. Il faut ainsi comprendre que la vision défendue par cet éminent philosophe, philologue et historien fut présentée à un moment donné de l'histoire d'une France qui essayait de se remettre d'une grande déconvenue. Quelques années plus tard, l'actualité judiciaire nationale démontra que la vision de la nation telle que définie par Ernest Renan fut contredite par l'affaire Dreyfus. En l'occurrence, la France se retrouva divisée en deux camps : ceux qui croyaient en la culpabilité du capitaine Alfred Dreyfus dans une sombre affaire d'espionnage et ceux qui voyaient en lui un innocent. Ce fut une période où l'extrême droite française connut une forte poussée sur fond d'antisémitisme. Cela intervenait également dans une période économique difficile.

Une société nationale en proie à des difficultés économiques se retrouve exposée à un accroissement de la popularité des figures politiques populistes, démagogiques voire extrémistes. Ce sont d'ailleurs ces mêmes leaders qui diffusent des idées selon lesquelles il y a des responsables et des coupables à l'origine de cette situation crispant le plus grand nombre. C'est ainsi que les identitaires séduisent tandis que les nouveaux écoutants ne sont pas fondamentalement convaincus par l'argumentation. Toutefois, ils accordent malgré tout leur écoute à ceux qui promettent de répondre davantage à leurs attentes que ceux chargés de piloter la destinée politique, économique et sociétale de la nation. Souvenons-nous de la manière dont le parti nazi essaima en Allemagne jusqu'au point de remporter des élections à portée nationale. Il y eut certes un long travail de propagande œuvrant en ce sens mais le parti dirigé par Adolf Hitler n'aurait sans doute jamais remporté les élections législatives de 1933 s'il n'y avait pas eu la crise économique de 1929 apparue aux Etats-Unis et qui se répandit en Europe peu après. L'Allemagne souffrit durement de cette crise économique. Une fois arrivé au pouvoir et ayant pris ses marques, Adolf Hitler désigna expressément un responsable aux maux économiques nationaux : le Juif. Le IIIème Reich commença à s'en prendre à toute une frange de la population qui n'entrait pas dans les critères faisant référence à la race aryenne. Homosexuels, communistes, handicapés mentaux et autres personnes ne correspondant pas à l'idéal nazi connurent un destin dramatique. Cependant, avant d'aboutir à ces sommets d'ignominie, la propagande nazie avait réussi à convaincre une partie des Allemands que les Juifs étaient les responsables de leurs maux économiques.

L'Histoire du XXème siècle montra ainsi qu'au travers de l'exemple du nazisme, des arguments identitaires et incriminants pouvaient facilement être brandis par des partis politiques. Le nazisme en fut l'expression la plus extrême dans son application. La traque contre tout individu de confession juive avait pour but de montrer que ces personnes étaient différentes de ce que les nazis avaient promu comme critères d'appartenance nationale.

De nos jours, il va sans dire que la percée électorale des partis d'extrême droite en Europe est étroitement liée à la promotion d'arguments identitaires. Pour ces partis politiques, les maux nationaux s'expliquent en grande partie du fait que tous les habitants de leur pays n'aient pas les mêmes origines ethniques ou pratiquent d'autres religions. L'insécurité est ainsi dénoncée comme étant le fait de populations issues de l'immigration et perçues comme n'ayant pas l'intention de s'intégrer dans la société nationale. Lorsque des vagues terroristes imputées à des réseaux terroristes islamistes frappent plusieurs Etats européens, ces partis saisissent l'opportunité de sensibiliser l'électorat en déployant une communication aussi offensive que déroutante. Elle est offensive car elle met en évidence des auteurs d'attentats de confession musulmane et ne disposant parfois pas de la nationalité du pays frappé de terrorisme. Elle est déroutante car elle permet la diffusion de messages qui induiront des amalgames et des assimilations en l'absence d'une définition des vocables employés. En somme, selon ces partis, l'Islam est au cœur des problèmes sociaux. Ainsi, on donne parfois l'impression à l'opinion publique que le phénomène de radicalisation est très répandu et qu'il concerne beaucoup de monde tandis qu'en réalité, il existe effectivement des cas de radicalisation mais qui demeurent particulièrement rares au sein des pratiquants de l'Islam. On donne de l'ampleur à quelque chose qui ne laissera pas insensibles les insatisfaits d'une société nationale tentés de ne plus accorder leur soutien à des partis modérés.

En clair, il est facile de stigmatiser celui qui ne montre manifestement pas l'intention de s'intégrer et de respecter l'ordre public. En France, il est certain que l'extrême droite va facilement associer les populations musulmanes aux attentats de ces dernières années, à l'insécurité grandissante dans le territoire, aux problèmes médiatisés des cités et plus généralement d'arguments allant dans le sens d'une démonstration que la société française n'est pas unie mais divisée. Son but consiste à faire passer le message que l'Islam ou une partie de ses croyants représente un danger pour l'équilibre national. Pourtant, considérant l'ensemble des individus transgressant les règles de droit de la République, il n'y a évidemment pas que des individus de confession musulmane concernés par la délinquance en tout genre. De même, une écrasante majorité de Musulmans défend les valeurs républicaines et ne remet pas en question son appartenance à la nation française. Toutefois, il est certain que la société française souffre de quelque chose. Elle n'est pas harmonieuse. Il n'est pas anodin que certains évoquent du communautarisme et dénoncent des discriminations identitaires. Dès lors qu'une partie de l'électorat apporte son soutien à des partis politiques dont le fonds de commerce porte sur la thématique identitaire, il ne faut pas y voir uniquement un vote contestataire ou un vote sanction. Le votant espère que son choix apportera des réponses à ses interrogations, ses insatisfactions ou encore ses peurs. En l'occurrence, celui qui vote Rassemblement National exprime son soutien à un parti qui dénonce l'immigration et d'autres thèmes qui vont dans le sens d'une France désunie, d'une France au sein de laquelle la cohésion nationale ne serait qu'illusion. Ces messages ont d'autant plus de chances d'être entendus par ceux qui ressentent de la peur. C'est en faisant peur qu'on attire ceux qui ont peur.

Une fois de plus, dans une société globale qui exprime sa colère car estimant ne pas être suffisamment écoutée, les partis politiques renvoyant l'image de la discipline, de la rigueur, de l'intransigeance ou encore de l'autorité seront davantage écoutés. Souvenons-nous de la colère exprimée par le personnel médical pendant la crise sanitaire liée à la Covid-19. Souvenons-nous de la colère exprimée par les forces de l'ordre pendant le mouvement des Gilets jaunes. Souvenons-nous de tous ces Français perturbés par les confinements, par le télétravail, par la perte de leur emploi, par la baisse de leur pouvoir d'achat en raison de l'inflation et de la hausse des prix des biens de consommation et des services, etc. Nous pouvons multiplier les exemples. Parmi tous ces gens en colère et craignant pour leur avenir, combien votaient naguère pour les partis modérés et apportent désormais leur soutien aux extrêmes ? Ils sont nombreux ! Ils constituaient la majorité des suffrages exprimés au premier tour de l'élection présidentielle d'avril 2022. Un simple hasard ? Non ! Si les motivations d'un tel vote peuvent revêtir des explications multiples, cet électorat en colère et craintif finira par assimiler les arguments diffusés par les extrêmes comme des vérités s'il ne voient pas leur situation personnelle s'améliorer. C'est ainsi que leur ressenti attribuera une part de responsabilité aux dirigeants politiques en place qui n'ont pas donné satisfaction ; une autre part de responsabilité sera accordée à ceux désignés par les extrêmes comme étant les facteurs explicatifs des maux de la société nationale. C'est précisément lorsque les partis vantant l'argument identitaire voient leur poids politique grandir, au point de faire partie des forces politiques dominantes d'un pays, qu'il ne faut pas sous-estimer la menace portant sur une fracturation silencieuse mais dangereuse d'une société nationale. A l'évidence, la France de 2022 n'est ni harmonieuse ni heureuse. Quand un peuple ne vote pas ou peu, cela en dit long sur l'ambiance générale régnant dans le pays. Quand les votes croissent en faveur des extrêmes, il faut surtout s'attacher à identifier les vrais problèmes de la société que l'électorat cherche à exposer ou à dénoncer par le vote. En effet, le vote n'est-il pas un précieux indicateur de l'état de santé d'une société nationale ?

Un désaveu pour les partis traditionnels observé à l'étranger

La poussée des extrêmes en France est devenue une tendance durable. L'Hexagone ne fait cependant pas office d'exception. Dans certains pays, des leaders politiques populistes, contestataires voire davantage ont été amenés à remporter des scrutins à portée nationale. Certains partis politiques d'extrême droite notamment sont devenus dominants. D'autres leaders n'étant pas classés aux extrêmes sont également parvenus à remporter des élections de premier ordre. Ainsi, l'exemple le plus emblématique est sans conteste Donald Trump aux Etats-Unis qui réussit en 2016 le tour de force de vaincre Hillary Clinton pourtant donnée favorite du scrutin. Le fantasque homme d'affaires new-yorkais déjoua tous les pronostics tandis que sa vision dure et stricte des choses fut in fine acceptée par le parti républicain. Sa percée sur la scène politique nationale ne fut pas simple, y compris chez les conservateurs qui ne le voyaient pas d'un bon œil. Il n'y avait pas que des soutiens mais il fit le nécessaire pour remporter la primaire républicaine et gagner le droit de se mêler à la lutte pour l'accession à la Maison Blanche.

Le cas Trump n'est pas isolé. Dans plusieurs régimes démocratiques, il est notable que les partis extrémistes ont le vent en poupe. C'est particulièrement vrai pour l'extrême droite. Nous évoquons bien des pays où les leaders politiques sont désignés par les urnes, des régimes politiques où les libertés fondamentales ne sont pas entravées, des systèmes politiques où le vote est libre. A défaut de présenter une liste exhaustive des pays connaissant une forte progression de l'électorat en faveur des extrêmes, voici quelques exemples récents : le Brésil, l'Allemagne, l'Autriche, l'Italie, la Pologne, la Hongrie ou encore la Belgique. Dans certains pays, ces partis récoltent plus de 30% des votes exprimés lors des échéances législatives. Cette tendance semble plus que jamais en cours de progression.

A l'instar du Rassemblement National en France, de nombreux partis politiques d'extrême droite notamment connaissent désormais une popularité durable. Il a fallu du temps pour fidéliser l'électorat dans un premier temps avant de récupérer les contestataires et ceux qui ont commencé à se sentir plus proches de leurs arguments politiques. Pour ce qui est de l'extrême droite, il va sans dire que la dimension identitaire est au cœur des enjeux. Contrairement à l'extrême gauche qui parvient à tisser des alliances avec les partis politiques de gauche plus modérés (n'est-ce pas le cas de Nupes en France ?), les partis de la droite modérée n'opèrent pas d'alliance avec l'extrême droite. Cela étant, des figures politiques de la droite modérée évoquent l'opportunité d'alliances avec l'extrême droite mais ces avis demeurent encore minoritaires voire marginaux. Toutefois, il n'est pas impossible d'assister un jour à des alliances car les partis modérés traditionnels constatent évidemment la popularité toujours plus solide de l'extrême droite. La politologue Anaïs Voy-Gillis attribue cette poussée progressive à trois grands facteurs : la crise financière de 2008 qui a induit un accroissement des inégalités sociales, les attaques terroristes survenues en 2015 tandis que l'Europe affrontait une crise migratoire et celle de la représentativité des élites qui a dopé le vote pour l'extrême droite. [19]

En 2002, le politologue Pascal Perrineau avait déjà expliqué qu'une partie de la percée de ces partis politiques classés à l'extrême droite (au demeurant très hétérogènes en Europe car tous ne reposant pas sur les mêmes motivations

---

[19] Anne Irjud, *« Europe : l'irrésistible montée des partis d'extrême droite »*, www.lanouvellerepublique.fr, 26 mai 2020

originelles de militantisme) était fondée sur une crise de la représentation politique. [20] Autrement dit, depuis deux décennies, ce qui avait déjà interpelé les politologues en ce début de troisième millénaire s'est confirmé depuis lors et a pris de l'ampleur. D'ailleurs, cet éminent expert de la sociologie électorale n'avait pas manqué de souligner qu'en 2002, les Etats membres de l'Union européenne, alors au nombre de quinze, étaient majoritairement dominés par des partis politiques situés à droite. Quatre gouvernements socialistes étaient alors chargés de la gouvernance nationale tandis que trois gouvernements de coalition comportaient des ministres socialistes. [21] Depuis lors, beaucoup d'Etats membres ont connu des alternances politiques, y compris la France puisque le parti socialiste la pilota de 2012 à 2017. Visiblement, ces alternances droite-gauche ont favorisé la popularité croissante des partis d'extrême droite qui ont continué d'attirer les déçus des changements de gouvernance demeurés insatisfaisants à leurs yeux.

Les partis situés aux extrêmes rencontrent une écoute plus attentive au sein des sociétés en proie à des maux. Par maux, il faut comprendre une ambiance générale tendant vers le négatif et qui mêle de nombreux ressentis : morosité, incertitude, colère, incompréhension et d'autres impressions qui, au gré du temps, se caractérisent par une distension du lien de confiance entre l'électorat et ses représentants élus. L'insécurité, l'immigration, le pouvoir d'achat en berne, les menaces pesant sur la pérennité des emplois et bien d'autres thématiques peuvent contribuer à ce mal-être global qui pousse une partie de l'électorat à se détourner des partis modérés pour davantage considérer les extrêmes. On ne vote pas pour un extrême par hasard. Cela devient d'autant plus inquiétant lorsqu'au sein d'une société

---

[20] Pascal Perrineau, *« La montée des droites extrêmes en Europe »*, Etudes 2002/12, tome 397, p. 605 à 613
[21] *Ibidem.*

nationale des vocables tels que communautarisme ou discrimination sont régulièrement employés pour caractériser certains dysfonctionnements sociétaux. Lorsque ces mots reviennent incessamment dans les médias et autres débats publics et qu'il faille de plus considérer un électorat croissant accordé à l'extrême droite, cela prend une dimension autre parce qu'elle trahit comme une fracturation ou une division au sein d'une société nationale. En d'autres termes, il s'agit de sociétés où l'unité nationale est en danger.

Comme déjà indiqué dans un chapitre précédent, ces partis politiques ne s'appuient généralement pas sur une base militante étendue. En revanche, ils obtiennent souvent le soutien électoral de nombreux votants à des fins contestataires. Ce mouvement tend à se généraliser en Europe. Chez nos voisins italiens, la Lega de Matteo Salvini n'est pas devenue un des partis les plus populaires sans raison. Pendant de longues années, le pays a connu d'incessantes crises politiques internes en ayant propulsé au pouvoir la plupart des grands partis modérés du paysage politique national. Pourtant, aucun n'a donné satisfaction à l'électorat italien. C'est ainsi que le mouvement fondé par le régionaliste Umberto Bossi a commencé à acquérir de la popularité. Les Italiens se sont progressivement tournés vers des partis politiques qui n'avaient pas encore eu l'opportunité de faire leurs preuves à Rome. C'est également dans ce contexte qu'est apparue la nouvelle tendance du Mouvement 5 Etoiles (parti politique qui peut être qualifié d'attrape-tout) qui gagna en popularité en raison de la déception chronique de l'électorat à l'égard des partis traditionnels. C'est ainsi que l'Italie en arriva à ce gouvernement de coalition présidé par Giuseppe Conte qui s'avéra ingouvernable mais mêlant la Lega et le Mouvement 5 Etoiles... tandis que les partis traditionnellement au pouvoir furent écartés de la gouvernance nationale. Pourtant, ces deux partis politiques n'étaient pas opposés sur tout. Ils partageaient une vision analogue en matière d'euroscepticisme. Une fois de plus, le Mouvement 5 Etoiles n'est pas un parti politique classé dans un extrême. En revanche, pour ce qui est de la Lega, l'euroscepticisme est un thème partagé par de nombreux partis d'extrême droite en Europe. Beaucoup militent en faveur d'un retrait de leur pays de l'Union européenne et pour un retour à une monnaie nationale. Le Brexit a assurément donné des espoirs à certains. A Bruxelles, on s'inquiète évidemment des scores élevés obtenus par nombre de ces partis. Aux yeux de ces factions politiques, l'Union européenne incarne une partie des maux qu'elles dénoncent. C'est d'ailleurs un des arguments qui fait mouche lors des opérations séduction : si les choses vont mal, il y a nécessairement des responsables et des coupables. Lorsque les partis modérés ne parviennent plus à contenir l'insatisfaction de l'électorat, ces arguments sont entendus.

Lorsque je constate le poids des partis d'extrême droite en Europe, il faut se rendre à l'évidence : ce qui est constaté à l'échelle française ne relève pas de l'ordre de l'exception. L'ensemble de l'Europe voit désormais des partis d'extrême droite séduire de plus en plus d'électeurs. Il est curieux de constater que les partis modérés continuent d'essayer de diaboliser ces partis politiques tout en ne tentant pas d'inverser la tendance en leur faveur et de récupérer leur électorat perdu. C'est pourtant ce qu'ils font, me direz-vous. Je n'en suis pas convaincu. Il est aisé de critiquer les uns et les autres mais c'est précisément lorsqu'on est au pouvoir qu'il faut savoir faire ses preuves. Il y a eu des contextes difficiles dans beaucoup de pays d'Europe. Tout cela est vrai. En revanche, si l'alternance politique est une composante de la vie d'un système démocratique, encore faut-il veiller à ne pas décevoir l'électorat. Il ne faut pas entendre qu'un gouvernement doive accéder à toutes les doléances exprimées. Ce n'est pas mon propos. Un gouvernement a des comptes à rendre et des décisions à prendre, qu'elles soient populaires ou impopulaires, il incombe au pouvoir exécutif de décider pour le bien de l'intérêt général. Il importe également de communiquer de manière que toute décision soit comprise et légitimée. N'y voyez aucune démagogie. J'ai évoqué l'Italie et j'y reviens car l'exemple de ce pays est en ce sens remarquable.

La Grande Botte a traversé une grave crise politique ces dernières années. Giuseppe Conte eut pour responsabilité de présider un conseil des ministres disparate qui lui causa bien des tourments. Avec courage, force et abnégation, il résista aux dissensions au sein de son gouvernement jusqu'au moment où il fallut sortir de l'impasse. Le Président de la République Sergio Mattarella disposait de deux options : convoquer des élections législatives anticipées qui ne garantissaient aucune majorité parlementaire à quiconque (ce qui laissait augurer un nouveau gouvernement instable) ou bien procéder à la nomination d'un nouveau Président du Conseil des ministres chargé de composer un gouvernement technique. La deuxième option fut retenue. Mario Draghi hérita de la lourde responsabilité de sortir l'Italie d'une crise politique et sociale qui tendait à s'éterniser. Il composa une équipe gouvernementale de coalition mais cet homme avait prévenu de ses intentions, notamment en matière économique. Il comptait donner une orientation économique différente de celle menée par Giuseppe Conte. Il obtint les soutiens des partis politiques de tous bords car il incarnait la personnalité italienne qui avait la légitimité d'entreprendre ce changement de cap menant à la réduction des dépenses publiques puisqu'il fut naguère le Gouverneur de la Banque d'Italie puis le Président de la Banque Centrale Européenne.

En pleine période de crise nationale, sans doute accentuée par l'actualité dramatique de la situation sanitaire du pays en raison de la Covid-19, Mario Draghi fut perçu comme l'espoir de la dernière chance. Il fallait donc serrer la ceinture et faire des sacrifices. Considérant le pedigree de l'homme, l'Italie accepta car il avait la légitimité de faire ce type de proposition. Pourtant, n'allez pas croire que les Italiens sautèrent de joie en apprenant qu'il leur faudrait consentir à des efforts économiques conséquents. Mario Draghi sut les convaincre. A ce jour, le pays n'est pas débarrassé de tous ses maux. Toutefois, le changement de cap opéré par Mario Draghi a permis d'apaiser des tensions persistantes et l'avenir dira si cela a réconcilié les Italiens avec leurs partis politiques modérés.

Lorsque j'évoque les critiques dirigées par ces derniers à l'encontre des partis d'extrême droite, il m'arrive de revoir cette scène mythique du film *Don't look up : Déni cosmique*. Je revois l'annonce faite par les scientifiques à la Présidente des Etats-Unis l'informant qu'un astéroïde arrivait droit sur la Terre et que l'impact serait fatal pour l'humanité. Les astronomes précisèrent que la probabilité de l'impact relevait de la certitude. La réaction de Meryl Streep fut sidérante lorsqu'elle répondit avec détachement que rien n'était urgent, semblant indiquer qu'elle avait des affaires plus importantes à traiter. On venait de lui annoncer la fin du monde mais il y avait plus urgent à faire ! Je transpose cette scène dans la vie politique de nombreux Etats européens. Les partis modérés campent le rôle délicieusement tenu par Meryl Streep. On ne cesse de les avertir par les urnes que s'ils ne réagissent pas et ne parviennent pas à convaincre l'électorat lors de leurs missions de gouvernance nationale, les extrêmes finiront par l'emporter. A leur décharge, ils ne se comportent pas avec le dédain affiché par la célèbre actrice américaine dans ce film satirique, mais on les prévient que l'inéluctable se produira s'ils continuent de décevoir. Ils peuvent toujours brandir la menace que les extrêmes sont dangereux, qu'ils incarnent le mal ou autres arguments visant à les déprécier, cela ne les empêchera pas de conquérir de nouveaux électeurs au fur et à mesure que ces derniers continueront d'être déçus. J'insiste encore une fois sur le fait que la responsabilité d'un gouvernement est de prendre les décisions visant l'intérêt général. Gouverner, c'est prévoir dit-on. De même, la manière de communiquer la décision est fondamentale en vue de faire accepter une décision risquant d'être impopulaire. Veiller à ne décider qu'en fonction de l'humeur de l'électorat revient à gouverner un pays en lui adjoignant une épée de Damoclès au-dessus de sa tête. Il est du ressort du Président de la République (dans les systèmes politiques comparables à la France) ou bien au chef du gouvernement (dans une majorité de pays européens) de prendre les décisions qui n'obscurciront pas l'avenir politique, économique et social du pays. Je confesse volontiers que cela est facile à écrire mais qu'en pratique, l'exercice du pouvoir relève d'une extrême complexité. Cependant, si l'électorat tourne toujours plus le dos aux partis modérés, ce n'est pas sans raison. La remise en question est dès lors nécessaire. Il ne sert à rien de chercher à convaincre l'électorat que voter aux extrêmes est potentiellement dangereux selon les diffuseurs de ce type de message. L'électeur finira par se détourner de ce genre d'avertissement si un processus visant à rétablir progressivement un lien de confiance avec les partis modérés n'est pas mis en œuvre. En d'autres termes, la balle est encore dans leur camp mais ils doivent prendre en considération que la patience de l'électorat s'étiole à mesure des déceptions ressenties. Or il n'y a rien de pire au sein d'une société nationale que d'avoir l'impression de ne plus savoir pour qui voter.

Dimanche 12 juin 2022, un nouveau camouflet pour la République

Un peu moins de deux mois après l'élection présidentielle, l'actualité politique était tournée vers les élections législatives. Il était désormais temps pour les Français de désigner leurs députés. De cette journée électorale, plusieurs statistiques retinrent mon attention. Sans surprise, le taux de participation fut bas, inférieur à 50%. Cela confirme une nouvelle fois qu'il existe un problème récurrent entre la vie politique et les électeurs. Beaucoup ne se donnent plus la peine de se déplacer pour s'exprimer dans les urnes. C'est devenu une constante.

A la mi-journée, le taux de participation était inférieur à 20% en métropole. [22] Sans surprise, dans la soirée, rares étaient les candidats ayant déjà remporté leur siège au palais Bourbon. Sur les cinq cent soixante-dix-sept sièges en jeu, cinq furent pourvus. Cela procura aux Français l'insigne privilège de se déplacer à nouveau dans les bureaux de vote le dimanche 19 juin car plus de 99,1% des sièges étaient encore à pourvoir ! Percevez-vous l'ironie dans mon propos ? Puisque les politiques aiment tant les chiffres, accordons-leur une raison de voir cette échéance avec optimisme : en comparaison de 2017, l'augmentation de députés élus dès le premier tour atteint le score remarquable de 20% ! Quelle belle poussée ascendante ! En effet, il y a cinq ans, seuls quatre candidats avaient assuré leur mandat de député dès le premier tour. En 2022, il y en a donc un de plus dont quatre étant étiquetés La France Insoumise. En dehors de cette évolution favorable, j'ai du mal à livrer des analyses positives de ce premier tour de scrutin.

---

[22] Mélodie Taberlet, « *Législatives 2022 : 18,43 % de participation à midi pour le 1er tour* », www.la-croix.com, 12 juin 2022

Le niveau d'abstention est dramatique. Il l'est sans doute plus que pour n'importe quelle autre élection puisque dans le cas des législatives, les candidats déclarés au premier tour doivent obtenir un minimum de 12,5% de suffrages exprimés sur l'ensemble des inscrits de la circonscription. Plus le taux d'abstention est élevé et plus il devient ardu pour un candidat d'être éligible au second tour. Il arrive même qu'un candidat obtienne la majorité absolue des voix exprimées dans sa circonscription mais qu'il lui faille passer par le second tour afin de valider sa victoire en raison du faible taux de participation. Cela étant, il était attendu que le taux de participation fût bas. Il le fut.

Les politiques pourront toujours rejeter la faute sur la météo qui régnait sur la France en ce jour de grande kermesse électorale. Il faisait beau et chaud sur l'ensemble du territoire. Quoi de plus surprenant lorsqu'il fut annoncé quelques jours plus tôt que le pays s'apprêtait à connaître un épisode caniculaire dès le mois de juin ? Les Français ont globalement préféré profiter de la chaleur des plages et d'autres lieux de loisir plutôt que de profiter de la fraîcheur des bureaux de vote !

Ce premier tour apporta une confirmation. Le Président de la République récemment réélu n'était sans doute pas la personnalité politique la plus appréciée des Français. Les premiers résultats laissaient pourtant augurer un heureux dénouement pour le second tour car ce dernier pouvait espérer ravir une majorité relative voire absolue… qui était vraisemblablement inenvisageable sans le découpage actuel des circonscriptions et son mode de scrutin. J'y reviendrai mais il devient impératif de se pencher sur les règles du jeu concernant les élections législatives.

Les résultats officiels du premier tour virent la majorité présidentielle arriver en première position, d'une courte tête. L'écart la séparant de la liste Nupes [23], dont la tête d'affiche était Jean-Luc Mélenchon, n'était que de quelques dizaines de milliers de votes sur l'ensemble du territoire. Chaque liste obtint à peine plus de 25% des suffrages exprimés. Chacune obtiendrait de nombreux députés en ayant récolté si peu de suffrages au premier tour. Quelle que soit la majorité définitive, dans le cas où elle ne serait que relative, la liste dominante deviendrait la plus représentée à l'Assemblée nationale tandis qu'elle n'aurait suscité que 12,5% (en réalité, c'est moins puisque le taux d'abstention officiel était supérieur à 50% selon le ministère de l'Intérieur)) de l'ensemble des Français inscrits sur les listes électorales... Cela revient à écrire que la liste qui obtiendrait le plus de sièges le dimanche 19 juin n'aurait été soutenue que par un Français inscrit sur les listes électorales sur huit... Ne va-t-il pas se poser une question de légitimité ? Une majorité parlementaire verra le jour alors que sept Français sur huit s'étaient initialement prononcés autrement en portant leur dévolu sur une autre liste, en s'abstenant ou en votant nul. De plus, la liste qui sortira vainqueur reposera nécessairement sur une alliance opérée entre différents partis qui n'ont aucunement l'assurance d'être indéfectiblement liés une fois que leur liste sera massivement représentée dans l'hémicycle. En d'autres termes, en l'état actuel des choses, qu'il y ait une majorité relative ou absolue, quelle que soit la liste gagnante in fine, le risque est élevé d'aboutir à une France ingouvernable.

Malheureusement, ce qui est en train de se produire n'était que prévisible. Le Président de la République n'a pas

---

[23] Note de l'auteur : Nupes rassemble un large éventail de la gauche française. Ainsi, La France Insoumise, Europe Ecologie Les Verts, le Parti Socialiste, le Parti Communiste Français et Génération.s ont uni leurs forces au sein de cette alliance.

surfé sur son succès électoral d'avril 2022. En effet, s'il avait légitimement remporté cette élection en obtenant davantage de suffrages exprimés que son adversaire, il dut cette victoire au fait que de nombreux électeurs s'étaient ralliés à lui non par conviction mais dans la seule optique de faire barrage à son adversaire. Les résultats du premier tour de ces élections législatives montrent surtout que la liste de la majorité présidentielle n'a pas été massivement suivie. Une fois de plus, il convient de se poser les bonnes questions.

Aucun parti politique n'incarne à ce jour la force politique dominante en France. Le paysage politique national est profondément éclaté et il devient manifeste que les deux extrêmes séduisent de plus en plus d'électeurs. D'ordinaire, les résultats électoraux aux législatives sont bien en-deçà de ceux récoltés lors de l'élection présidentielle survenue quelques semaines plus tôt. Le Rassemblement National a concentré près de 19% des votes exprimés, ce qui représente quatre points de moins que le score de Marine Le Pen au premier tour de l'élection présidentielle. Cela signifie que de plus en plus de Français ne votent plus pour l'extrême droite à la seule fin de manifester ponctuellement leur mécontentement. Le vote pour l'extrême droite n'est plus exceptionnel mais devient davantage habituel. Le même constat peut être fait pour l'extrême gauche et l'ancrage électoral de Jean-Luc Mélenchon qui obtient des résultats électoraux parmi les plus élevés de France dans les élections à caractère national. D'ailleurs, lorsqu'on cumule les votes exprimés aux partis incarnant les deux extrêmes [24], ces derniers sont proches de

---

[24] Note de l'auteur: par extrême gauche, il faut comprendre les listes ou partis suivants : Divers Extrême Gauche (1,17%) , Parti Radical de Gauche (0,56%), Nouvelle Union Populaire Ecologique et Sociale (NUPES) (25,66%). Quant à l'extrême droite, elle regroupe Droite Souverainiste (1,10%), Reconquête ! (4,24%), Rassemblement National

51,5%. En d'autres termes, plus d'un votant sur deux a accordé son suffrage à un extrême. Il est également notable que le Parti Socialiste, le grand parti qui incarnait naguère la gauche modérée, avait fait alliance avec la liste pilotée par Jean-Luc Mélenchon. Cela montre à quel point les forces politiques traditionnelles, celles qui remportaient à tour de rôle les grandes élections nationales, sont désormais désavouées par l'électorat. Là encore, cela montre que quelque chose ne tourne pas rond.

J'ai déjà consacré un chapitre sur la longue descente aux enfers que subit le parti Les Républicains. Ce n'est pas cette échéance législative qui va lui redonner du baume au cœur. Le grand parti de la droite modérée a péniblement dépassé 10% lors de ce premier tour. Lorsqu'on prend en considération les abstentionnistes, ce taux chute à 4,84%... Moins d'un Français inscrit sur vingt a donc voté Les Républicains... Pour cette famille politique, c'est sidérant et effrayant. Sidérant car nous avons la confirmation que l'électorat se détourne effectivement des partis modérés, qu'ils soient de gauche, de droite ou du centre. C'est effrayant car on se dit qu'avec aussi peu de soutien, les Républicains peuvent tout de même espérer ravir cinquante à soixante sièges [25] à l'issue du second tour. Tant mieux pour ce parti s'il parvient à conquérir autant de sièges et pour tous ceux qui réussiront à gagner le droit d'avoir des députés en dépit du faible nombre des suffrages exprimés en leur faveur.

(18,68%), Divers Extrême Droite (0,03%). Il s'agit des statistiques officielles publiées par le site du ministère de l'Intérieur.

[25] Note de l'auteur : il ne s'agit que de prévisions. Si la fourchette estimée est la bonne, cela montrerait une fois de plus l'évolution négative de la popularité du parti républicain puisque sa représentation fut de cent quatre-vingt-quatorze députés entre 2012 et 2017 tandis qu'elle avait quasiment baissé de moitié à l'issue des élections législatives de 2017 avec cent députés siégeant dans l'hémicycle.

C'est bien là le problème de la légitimité de ces élections législatives. Le découpage des circonscriptions a été pensé afin de limiter l'accès à la députation aux candidats des extrêmes. En l'occurrence, l'Assemblée nationale ne va probablement pas représenter fidèlement l'expression du vote des Français dans ses proportions. Le principe est le suivant : celui qui obtient le plus de suffrages exprimés remporte le siège de sa circonscription. C'est la règle en vigueur. En revanche, comment justifier qu'un parti obtenant peu de voix puisse conquérir davantage de sièges au palais Bourbon tandis qu'un autre parti ayant reçu un soutien bien plus conséquent dans les urnes à l'échelle nationale aura une visibilité bien moindre dans l'hémicycle ? Il est grand temps de se pencher sur la question d'introduire la proportionnelle pour les prochaines élections législatives.

Pour les élections législatives, on s'affranchit trop facilement d'une réalité politique frappante de vérité : les circonscriptions sont petites. La députation revient nécessairement au candidat ayant récolté le plus de suffrages exprimés au second tour (dans l'écrasante majorité des cas puisque rares sont les députés confirmés dès le premier tour de scrutin en raison du fort taux d'abstention) dans un espace géographique délimité. C'est ainsi que les partis ne disposant pas des faveurs de l'électorat au niveau national parviennent à tirer leur épingle du jeu au niveau local. C'est particulièrement vrai pour le Parti Communiste Français. Lors d'élections nationales, ce parti récolte des scores faméliques mais dispose généralement d'un contingent de députés à l'Assemblée nationale car il existe effectivement des zones géographiques où l'électorat vote majoritairement communiste. Ainsi, les députés représentant ce parti gagnent légitimement le droit de siéger au palais Bourbon.

En revanche, il est plus compliqué de faire comprendre à l'ensemble de l'électorat qu'un parti récoltant bien plus de suffrages exprimés ne parvienne pas à faire siéger autant de députés voire davantage. Cela devient d'autant plus complexe à faire entendre en période de malaise social. Il est inutile de préciser que la majorité qui se dégagera le dimanche 19 juin 2022, qu'elle soit relative ou absolue, devra, dans son travail mené avec l'autorité exécutive, donner rapidement satisfaction aux Français car ces derniers ne manqueront pas de dénoncer le manque de représentation de leurs choix électoraux opérés lors de la désignation des députés… Pour le coup, le ressenti ne s'effectuera pas au niveau de la circonscription mais bien au niveau national. A ce jour, l'élection législative s'effectue au niveau local pour désigner un élu disposant d'un mandat représentant sa circonscription au niveau national. Toutefois, la popularité d'un parti au niveau local ne reflète pas nécessairement la réalité de sa popularité à l'échelle nationale. En l'occurrence, ce décalage va fatalement être remis sur le devant de la scène car la composition à venir de l'Assemblée nationale laisse craindre que la future alliance dominante ne soit pas solide et qu'elle ne représente pas nécessairement les votes quantitatifs exprimés par les Français dans les urnes. En d'autres termes, une liste peut remporter une majorité parlementaire (relative ou absolue) car elle aura remporté un maximum de circonscriptions législatives sans que cela reflète fidèlement la réalité du nombre des votes exprimés à l'échelle nationale. Ainsi, celui qui obtient le plus de voix en France n'est pas assuré d'être le plus représenté à l'Assemblée nationale. J'en reviens à un propos déjà exprimé dans ce chapitre, nous nous dirigeons à grands pas vers le scénario d'une France ingouvernable.

L'adjectif *ingouvernable* est sorti de la bouche de plusieurs personnalités politiques françaises conviées aux débats animés s'étant déroulés sur plusieurs chaînes télévisées le 12 juin au soir. J'ai entendu des représentants de différentes listes de l'opposition s'exprimer dans le sens de la nécessité de faire barrage à la majorité présidentielle. Cela fait partie du jeu politique. Cependant, je suis malgré tout choqué par cette rhétorique car elle met en lumière un mal abyssal : on appelle à faire barrage à un homme, en l'occurrence le Président de la République, qui a été démocratiquement élu par l'électorat national quelques semaines plus tôt. Cela interpelle. Les détracteurs d'Emmanuel Macron ne veulent donc pas imaginer un scénario de convergence politique, arguant que s'il devait disposer d'une majorité parlementaire, il serait à craindre une accaparation du pouvoir par ce dernier. Une fois de plus, il n'est nullement question dans ce propos de laisser transparaître un quelconque message partisan mais bien de tenter une analyse.

Premièrement, que l'on soutienne le Président de la République ou non, il dirige la France selon les règles de fonctionnement qui régissent cette dernière. Autrement dit, il préside la France en fonction d'un cadre normatif clairement défini par les règles de droit de la République française. En d'autres termes, s'il obtient une majorité parlementaire absolue, il est le véritable chef d'orchestre de la gouvernance exécutive. Dans le cas contraire, c'est au chef du futur chef du gouvernement qu'incombera cette responsabilité. Deuxièmement, les personnes vantant cette volonté de faire barrage à des fins démocratiques semblent oublier que le Président élu l'a été démocratiquement. Jusqu'à preuve du contraire, l'élection présidentielle d'avril 2022 n'a jamais fait l'objet d'une suspicion d'un scrutin biaisé. Troisièmement, pour les dénonciateurs, il est facile d'exprimer ce type de crainte tandis qu'aucun adversaire d'Emmanuel Macron n'est parvenu à le battre lors de la dernière élection présidentielle. D'ailleurs, certains se retrancheront derrière l'argument que le Président élu l'a été parce qu'il affrontait la candidate de l'extrême droite au second tour et que par conséquent, beaucoup d'électeurs préférèrent voter en sa faveur afin de ne pas voir Marine Le Pen triompher in fine. Il me semble pourtant qu'Emmanuel Macron était arrivé en tête des suffrages exprimés au premier tour de l'élection présidentielle. De fait, il avait démocratiquement gagné sa place pour le duel final. Lorsque les critiques s'abattent désormais pour militer en faveur d'un vote devant faire barrage à une victoire de la majorité présidentielle, cette attitude interpelle. Il y a assurément une part de jeu rhétorique. On critique plus facilement lorsqu'on ne détient pas la responsabilité du mandat électif. Il y a sans doute une autre part qui relève de la frustration. Il y a enfin une dernière part que je qualifierais de déni. Par déni, il faut comprendre que les vaincus de la course à la présidentielle ne reconnaissent pas avoir échoué dans leur tentative de séduction de l'électorat.

On peut m'opposer que la campagne électorale pour l'élection présidentielle a été en partie éclipsée par la crise ukrainienne. On peut également me convaincre que cette campagne en vue des législatives a été discrète. Je fais référence à un article publié dans *Le Figaro* au sein duquel il était indiqué qu'Emmanuel Macron avait volontaire « *anesthésié* » [26] la campagne des élections législatives. Tout cela, je veux bien l'entendre. Les arguments sont fondés. En revanche, on oublie juste qu'Emmanuel Macron n'était pas le candidat unique déclaré à l'élection présidentielle et qu'à défaut d'avoir été élu en raison de sa popularité, il est simplement le candidat ayant opté pour la stratégie de campagne la plus efficace, celle qui lui permit de récolter les suffrages nécessaires pour accéder à la première marche du podium. L'opposition milite pour

---

[26] Carl Meeus, « *Législatives: Macron, sortir d'un grand flou* », www.lefigaro.fr, 10 juin 2022

conquérir l'Assemblée nationale craignant en filigrane que le Président Macron abuse de son pouvoir dans le cas d'une majorité présidentielle. Je soulève la question suivante : pourquoi les Français l'ont-ils donc réélu si ce dernier paraît aussi dangereux pour la France ? Il convient de ne pas se retrancher derrière l'arbre cachant la forêt. Le premier tour de l'élection législative offre surtout un enseignement implacable. En effet, l'électorat a sensiblement agi et voté de la même manière lors de l'élection présidentielle et de ce premier tour. Abstention élevée, part belle faite aux extrêmes à nouveau majoritaires face à des partis modérés moribonds voire peut-être agonisants, n'en jetez plus, cette tendance caractérise la vie politique française depuis quelques années déjà, le tout se faisant à l'issue de votes démocratiquement organisés.

Je ne puis achever ce chapitre sans faire part de mon inquiétude grandissante au regard de la vie politique et sociétale en France. Lorsqu'on assiste à un tel niveau de désertion des bureaux de vote lors des échéances électorales, c'est le signe manifeste que l'eau bout depuis un moment dans la cocotte-minute. Lorsqu'il s'agit d'y ajouter un vote croissant accordé aux extrêmes y compris lors d'élections qui ne voient pas ces partis ou listes obtenir autant de suffrages d'ordinaire, cela revient à conclure que le couvercle de la cocotte-minute commence à s'agiter. Il ne fait que refléter l'expression d'un mécontentement global de l'électorat qui ne sait plus trop à quel saint se vouer. C'est la cruelle réalité de l'actualité politique nationale. Les Français ne votent plus ou accordent leur voix aux extrêmes parce qu'ils ne croient plus en leurs partis traditionnellement amenés à piloter les autorités exécutives et législatives du pays. Pire, ceux-là voient leurs scores électoraux atteindre des niveaux de désamour qu'il leur sera difficile de surmonter, bien que rien ne soit impossible en politique. Pour le Président Macron, quelle que soit la composition définitive de l'Assemblé nationale, le quinquennat à venir s'annonce ardu. Quant aux règles encadrant l'élection législative, il est désormais temps de les faire évoluer. En l'état actuel des choses, elles permettront une composition parlementaire qui ne sera pas en adéquation avec le véritable ressenti de l'électorat. Le découpage des circonscriptions prend compte des soutiens politiques locaux qui ne reflètent pas obligatoirement le ressenti des Français à l'échelle hexagonale. Lorsque tout va bien dans une société nationale, le vainqueur d'une élection n'est pas contesté. Lorsque les choses vont moins bien, on estimera que le moins mauvais a gagné. Quand elles prennent une tournure inquiétante, quel que soit le vainqueur, personne n'apparaît comme la solution aux problèmes. J'ai la triste impression que la France se trouve désormais dans cette troisième catégorie. Ce n'est qu'une opinion personnelle mais j'espère tant me tromper.

De la gueule de bois au coma éthylique

La veille, le Président Macron commémora le fameux appel du 18 juin 1940. Le lendemain, c'était l'appel aux urnes. Si celui orchestré par le général de Gaulle en son temps amorça quelque chose contre l'occupant allemand, celui du Président fraîchement réélu n'eut pas le même écho. 54% de taux d'abstention lors du second tour de l'élection législative… La France avait une nouvelle fois fait montre de son détachement et de son agacement à l'égard de ses dirigeants politiques. La tendance de premier tour fut confirmée. Il faisait encore chaud sur l'ensemble du territoire et une majorité des Français inscrits sur les listes électorales avait planifié autre chose pour son dimanche que de se rendre au bureau de vote. Quant à l'annonce des résultats sur les coups de vingt heures, elle informa la population nationale qu'un tremblement de terre de grande magnitude venait de frapper le pays.

C'est désormais officiel, si le Président Macron disposera d'une majorité relative à l'Assemblée nationale, la nouvelle composition de l'hémicycle lui enseigne surtout que la France sera difficilement gouvernable. C'est acté.

Les projections à l'issue du premier tour avaient vu juste sur plusieurs points : la liste présidentielle Ensemble ! était annoncée gagnante mais disposant d'une majorité relative. Nupes devait devenir la principale liste d'opposition. Dans les chiffres, ce fut également confirmé mais La France Insoumise obtint moins de députés que ce qui avait été espéré en amont par Jean-Luc Mélenchon qui se rêvait en Premier ministre. La droite républicaine et centriste limita les dégâts mais vit son contingent de députés encore diminuer avec soixante-quatorze représentants élus.

Cependant, La France Insoumise ne transforma pas l'essai du premier tour qui pouvait lui laisser espérer glaner une représentation nombreuse. In fine, Nupes remporta cent quarante-neuf circonscriptions dont quatre-vingt-quatre pour La France Insoumise, loin des deux cent cinquante députés d'Ensemble !, liste comportant tout de même soixante-quinze députés répartis entre le MoDem et Horizons. Pour LREM, le bilan fut donc médiocre, loin des attentes initiales. Plusieurs figures dirigeantes du parti ont connu l'amertume de la défaite : Richard Ferrand, président sortant de l'Assemblée nationale, Amélie de Montchalin, ministre du gouvernement Borne ou Christophe Castaner, ministre du gouvernement Philippe, et d'autres, ont ainsi été battus dans leur circonscription.

Si autant de partis affichaient une mine maussade à l'annonce des résultats, un triompha : le Rassemblement National. Ce dernier tordit le cou aux prévisions du premier tour en remportant quatre-vingt-neuf circonscriptions tandis qu'au sortir du premier tour, les estimations lui accordaient entre dix et vingt-cinq sièges. L'extrême droite opérait donc une entrée fracassante au palais Bourbon. Le 19 juin 2022 prenait définitivement une dimension historique mais également inquiétante pour la France.

Les craintes de nombreux politologues et autres analystes abondaient dans le même sens : comment le chef de l'exécutif pourrait-il piloter la France sereinement ? Son deuxième quinquennat s'annonçait délicat. Il le sera assurément. Le spectre d'une France ingouvernable caractérisée par un blocage institutionnel prenait forme. Pour diriger avec les coudées franches, il aurait dû s'appuyer sur une majorité absolue comprenant au minimum deux cent quatre-vingt-neuf députés. Il en sera loin. Il devra nécessairement composer avec des alliances pour tenter de faire valider les dossiers les plus sensibles, notamment ceux sur lesquels l'opposition comptera faire entendre sa voix et sa réprobation. Pour chaque décision parlementaire, il devra séduire a minima près d'une quarantaine de députés issus d'une autre liste que la sienne pour entériner une décision… Ce sera ingérable. S'il avait raté la majorité absolue de peu, il aurait toujours été possible de convaincre quelques députés de l'opposition pour dégager une majorité parlementaire. Dès lors qu'il faille en persuader autant, cela devient mission impossible. Nupes n'a pas l'intention de rallier la cause gouvernementale. Quant à la droite modérée, elle est manifestement déchirée entre des leaders prônant des directions contradictoires. Pour Jean-François Copé, il était question de proposer à la majorité présidentielle un pacte gouvernemental en vue d'éviter un blocage institutionnel. Ce n'était pas le son de cloche communiqué par le président du parti Les Républicains Christian Jacob… Quant au Rassemblement National, il est tout simplement la première force partisane d'opposition de France au sein de l'hémicycle. Cela revient à affirmer qu'il ne rendra pas la tâche facile à l'action exécutive. D'ailleurs, dès sa prise de parole à l'annonce des résultats, Marine Le Pen fit aussitôt mention d'une victoire historique en dépit d'un mode de scrutin qui ne devait pourtant pas être favorable à son parti… Le constat est clair : l'extrême droite connaît une irrésistible ascension en France et il va sans dire qu'en récupérant les déçus, sans que ces derniers votent nécessairement par adhésion, l'échéance présidentielle de 2027 pourrait réserver à la France un nouveau tremblement de terre de grande magnitude.

Le 20 juin 2022, la France se réveille avec une gueule de bois plus assommante que ce qu'elle avait pu imaginer. Pour la majorité présidentielle, le résultat du scrutin est catastrophique. Certains de ses députés élus firent amende honorable la veille en reconnaissant lors des émissions télévisées que la déception était grande. Le plus remarquable fut le manque d'autocritique de la part des partis politiques déçus. Rares furent les acteurs confessant que ce qui venait de se produire n'avait pu être rendu possible qu'en raison de gouvernances successives qui déçurent les Français. Le 19 au soir, beaucoup imputèrent à Emmanuel Macron la manière dont il pilota son premier quinquennat, fort d'une majorité absolue à l'Assemblée nationale. Il est sans doute critiquable. Cela étant, les maux de la République française ne reposent pas uniquement sur ses épaules et jusqu'à preuve du contraire, d'autres partis politiques, dont les Français se détournent depuis un moment, eurent dans leurs mains les rênes de la France il n'y a encore pas si longtemps.

Lorsque j'entends des politiques manifester leur joie au regard des résultats électoraux, brandissant l'argument qu'une opposition garantira l'esprit démocratique de la gouvernance, je me pose la question suivante : comment se réjouir d'une composition parlementaire qui va mener droit à un blocage institutionnel ? C'est peu dire que le Président Macron va marcher sur des œufs. Il sait qu'il va s'aventurer sur des charbons ardents et que l'opposition ne manquera pas de le pousser dans ses derniers retranchements. J'ai du mal à concevoir que la démocratie passe par une paralysie de la gouvernance institutionnelle. En d'autres termes, la République vient de se prendre en otage par l'intermédiaire de son garant symbolique le plus précieux : le vote démocratique. Quelque chose m'échappe. Il est certain qu'Emmanuel Macron va devoir abandonner des dossiers chauds sur lesquels il comptait s'affairer. La réforme des retraites va sans doute passer aux oubliettes. Elle paraissait pourtant nécessaire mais en l'état actuel des choses, entre la mobilisation populaire qui s'annonçait massive et l'opposition politique qui aurait fait barrage, pourquoi perdre son temps avec un dossier qui n'aurait fait qu'alimenter davantage le mal-être national ?

J'ai donc été secoué par la réaction de certains qui jubilent à l'idée de museler Jupiter. Cela promet… Je crois surtout que certains n'ont pas compris la gravité de la situation. Certains n'ont pas encore pris la mesure des conséquences. Certains n'ont pas réalisé qu'un taux d'abstention proche de 80% chez les 18-34 ans doit interpeler et sensibiliser les élites politiques, qu'un Président de la République ne peut pas dissoudre l'Assemblée nationale en claquant des doigts aussi souvent qu'il le souhaite ou bien que l'exécutif s'appuie sur le fameux article 49.3 de la Constitution pour faire passer en force des dispositions ayant toutes les chances d'être recalées par l'Assemblée nationale. Certains n'ont pas saisi que le Rassemblement National a essaimé dans des régions qui n'avaient pas pour habitude de voter en faveur de l'extrême droite, que ce vote prend un ancrage local et qu'il tend à se diffuser sur l'ensemble du territoire national. Jusqu'à preuve du contraire, diaboliser l'extrême droite ne mène plus à rien. Les Français affichent leur ras-le-bol et les députés Rassemblement National ont été démocratiquement élus. Après cela, des acteurs politiques manifestaient leur satisfaction de voir l'action exécutive davantage « encadrée » par une opposition… Elle ne sera pas encadrée ! Elle sera perturbée et contre-productive pour l'intérêt général !

Lorsque j'ai entrepris la rédaction de ce livre, j'avais pour intention de le publier avant les élections législatives. La victoire d'Emmanuel Macron laissait surtout entrevoir qu'il avait été élu par défaut. Il n'aurait donc pas le privilège de l'état de grâce pour espérer confirmer sa réélection par une majorité parlementaire. Peu à peu, voyant que le scénario d'une majorité absolue tendait vers l'improbable, j'ai repoussé quelque peu la publication de ce livre car j'avais acquis la conviction qu'il y aurait beaucoup à écrire. En l'occurrence, les enseignements de ces élections législatives vont au-delà de ce que j'avais initialement pu imaginer. Ces dernières démontrent que le paysage électoral national est profondément morcelé, que les partis modérés sombrent par le fond à grande vitesse et qu'en l'état actuel des choses, je ne vois pas comment la France va pouvoir rapidement s'extraire d'une crise politique qui a toutes les chances d'empirer d'ici peu. C'est une certitude : il y a une crise politique de premier ordre. Le gouvernement d'Elisabeth Borne (si elle conserve la confiance d'Emmanuel Macron), va inévitablement connaître un important remaniement, les perdants aux législatives n'étant pas conviés à participer à la future action gouvernementale. Cette règle avait été fixée par le gouvernement provisoire. Cette fois-ci, il lui incombera de se former urgemment. L'exécutif n'a ni le temps d'attendre ni de tergiverser. Il va lui falloir accepter le choix des Français et les contraintes qui perturberont immanquablement son bon fonctionnement.

Je m'interroge également sur ce que la notion d'opposition induira au sein de l'hémicycle. Je me questionne effectivement sur la solidité des alliances formées au sein des listes et par conséquent, sur leur durabilité. Je rappelle que certaines listes ont ratissé large. Je ne peux m'empêcher de penser que Nupes puisse se fissurer à tout moment. Dans pareil cas, la première force d'opposition serait le Rassemblement National. Je constate également que le compromis ne fait pas partie de la culture politique française. Lorsqu'on est en désaccord, on ne cherche pas à s'appuyer sur les points d'entente. On préfère se séparer. C'est très français. C'est d'ailleurs ce qui attend la droite républicaine au regard des avis divergents portant sur l'opportunité ou non d'engager la discussion avec la majorité présidentielle. Sous couvert d'arguments abondant dans la nécessité de défendre l'intérêt général et la continuité de l'action publique, certains vont inévitablement se chamailler au sein d'une même famille politique car il serait illusoire de croire que quelques acteurs ambitieux n'aient pas en point de mire l'échéance présidentielle de 2027… En attendant de spéculer sur l'Elysée, il serait surtout avisé de se préoccuper au plus vite de l'opération sauvetage à mettre en œuvre urgemment car le paquebot France vient de heurter un iceberg. Voilà la triste réalité de la France de 2022.

Ne voyez pas en mes propos, par ailleurs assumés, une sacro-sainte volonté de critiquer au travers d'une pensée mélangeant colère, incompréhension, indignation ou encore incrédulité. Je ne critique aucunement pour le plaisir. Le résultat des élections législatives est brutal pour la France. Les estimations des derniers jours de campagne électorale accordaient une majorité relative aux alliés d'Emmanuel Macron… mais pas avec la composition définitive de la législature à venir. Lorsque j'évoque la paralysie à venir de la vie institutionnelle nationale, on en oublierait presque que ce qui vient de se passer en France effraye au plus haut point l'Union européenne. Cette dernière a déjà suffisamment de problématiques à gérer et elle se serait volontiers passée de voir une de ses principales locomotives (politique et économique) s'enfoncer dans une crise politique à l'issue incertaine.

En définitive, quelles sont les raisons d'espérer ? A titre personnel, je n'en vois pas beaucoup. En découvrant les résultats, j'ai accusé le coup. Cette réaction ne provenait d'une quelconque déception liée à des convictions partisanes. Dans de pareilles circonstances, je me concentre sur les conséquences à venir pour la vie institutionnelle du pays. Elle sera compliquée. Très compliquée. Voyez-vous, les élites politiques assènent des reproches aux uns et aux autres. Tous semblent oublier qu'ils ont leur part de responsabilité. Cette campagne électorale pour les élections législatives n'en a porté que le nom. Jean-Luc Mélenchon et ses partisans se voyaient sans doute en haut de l'affiche pour un résultat définitif bien en-deçà de la représentation espérée au sein de l'hémicycle. Quant au leader de la liste Nupes, il n'était pas candidat à la députation. Il a sans doute commis une erreur car il est incontestablement une figure politique écoutée et ses alliés auraient sans doute constitué une opposition plus entendue à l'Assemblée nationale grâce à ses talents incontestés de tribun. Il est loin d'être le seul à avoir commis des erreurs. Le Président Macron assurait s'ériger en barrage à la montée des extrêmes et de l'extrême droite en particulier… J'ai plutôt l'impression qu'il l'a dynamisée mais qu'il se retrouve désormais dans la position inconfortable de la souris ayant le choix entre la tapette qui s'abattra sur elle ou le gros chat prêt à bondir sur elle. Bref, c'est plutôt mal engagé pour se sortir d'un tel mauvais pas. Quant aux partis ayant obtenu une belle représentation, de gauche, du centre ou de droite, j'attends de voir comment ils espèrent mener à bien l'action publique sans recourir au calcul politique. Je m'avance effectivement sur le terrain du calcul politique car j'ai du mal à croire que la raison défendant l'intérêt général ne primera pas sur la volonté d'empoisonner l'action exécutive.

J'imagine surtout une action publique qui veillera à ne pas s'attirer davantage les foudres d'un peuple s'apparentant toujours plus à un volcan sur le point de se réveiller. Il y a sans doute des réformes impopulaires à mettre en œuvre mais la nouvelle configuration politique les reportera au minimum pour cinq ans. Emmanuel Macron ne va pas s'engager dans des bras de fer risqués avec l'opposition politique et les Français. Il a suffisamment donné lors de son premier quinquennat. Tout ce qui s'annonce périlleux ne sera donc plus prioritaire. En d'autres termes, tout ce qui est impératif de promouvoir maintenant afin que cela ne s'apparente pas à une bombe à retardement pour la France deviendra une patate chaude qu'il incombera au futur chef de l'Etat de prendre en charge ou pas à compter de 2027. Je pense évidemment à la réforme des retraites en premier lieu. Il est certain qu'une telle réforme déplaît, qu'elle augure l'opposition de nombreux Français. Personne n'aime qu'on touche à ses droits et ses acquis. Malheureusement, le système actuel rencontrera un jour prochain ses limites dès lors que la tendance continue de voir les besoins de financement augmenter pour assurer les populations inactives tandis que les actifs finiront par payer sans s'assurer de retraite en fin de carrière. Voilà le scénario qui est en train de prendre forme en France. Autant l'affirmer, le jour où une génération prendra conscience qu'elle a payé pour ses aînés sans avoir l'assurance de bénéficier à son tour des mêmes avantages, je ne souhaite aucunement être à la place des dirigeants politiques qui devront alors prendre leurs responsabilités.

D'ordinaire, lors d'élections législatives, il existe un décalage entre le vote exprimé en faveur d'un Président de la République et celui portant sur la composition de l'Assemblée nationale. Lorsque l'extrême droite obtient des scores flatteurs aux élections présidentielles, ces derniers baissent considérablement pour les législatives. Le 19 juin, la Rassemblement National n'a pourtant pas recueilli un nombre exceptionnel de suffrages exprimés. A l'échelle nationale, il récolta à peine plus de 17% des votes exprimés, loin derrière Nupes et Ensemble ! dont les deux listes, scores cumulés, dépassèrent 70% des suffrages exprimés. Pour le coup, le scrutin majoritaire a étrangement joué en faveur de l'extrême droite. Marine Le Pen ne devait pas imaginer voir son parti aussi représenté dans l'hémicycle.

Pour elle, il ne s'agissait pas d'une victoire électorale mais d'un triomphe. Quant à celui qui la battit en avril, ces élections législatives prirent des allures de bérézina tandis que LREM sera pourtant le parti politique le plus représenté de la nouvelle législature. Le problème est que dans pareil cas de figure, il ne s'agissait pas de devenir le parti le plus imposant de l'assemblée mais celui qui obtiendrait la majorité absolue. Il se retrouve loin du compte et sans aucune garantie que son alliance stratégique avec le MoDem et Horizons soit durable. On en revient toujours au même, quel que soit le point de vue considéré, on aboutit systématiquement sur un dénominateur commun : l'incertitude. Il n'y a rien de pire que de devoir piloter la gouvernance d'un pays sans aucune certitude.

Que reste-t-il à la disposition d'Emmanuel Macron ? Sa marge de manœuvre sera assurément minime. Pour espérer obtenir des majorités, il lui faudra abandonner les thèmes de discorde avec l'opposition. D'autre part, il lui appartient de redonner le sourire aux Français. Ce ne sera pas chose aisée au regard du contexte actuel. Toutefois, s'il parvient à convaincre l'opinion publique de lui faire confiance, il pourrait envisager une dissolution de l'Assemblée nationale et convoquer de nouvelles élections législatives. A défaut d'obtenir une majorité absolue, il pourrait espérer s'appuyer sur une majorité relative plus conséquente que celle acquise le 19 juin. Cela lui permettrait ainsi de pouvoir négocier plus facilement la majorité parlementaire à défaut de se retrouver en minorité. De même, de nouvelles élections législatives peuvent apporter une autre majorité parlementaire. Ce ne serait sans doute pas l'option idoine mais elle aurait le mérite de ne pas voir le Président de la République systématiquement bloqué par l'opposition. Jusqu'à présent, la France a toujours survécu aux épisodes de cohabitation.

Après une nuit consacrée à écouter les analyses des uns et des autres sur les différentes chaînes publiques et du réseau TNT, je me rends compte que la France ne se réveillera pas le 20 juin au matin avec une gueule de bois. Cet état d'ivresse fut atteint la semaine précédente avec la confirmation d'un taux de participation désespérément bas et la tendance menant vers une majorité relative qui rendrait le quinquennat d'Emmanuel Macron particulièrement ardu. La confirmation des résultats du premier tour et les conséquences en devenir sont bien plus graves : la France a sombré dans un coma éthylique. La crise institutionnelle est grave. Tout le monde l'a bien compris.

Je revois Jean-François Copé s'exprimer avec beaucoup de solennité et de gravité, Roland Cayrol, Pascal Perrineau et tant d'autres apporter des éclaircissements sur le comportement électoral des Français, les conséquences sur la vie politique et institutionnelle nationale. Cela n'incite pas à l'optimisme. Le pire, c'est qu'on en oublierait presque que tout découle d'un choix librement exprimé par l'électorat national. Cette fois-ci, nous arrivons dans une impasse dont il sera difficile de s'extraire. Les partis ne manqueront pas d'animer la vie politique du pays afin de se faire entendre et de s'opposer à un Président qui ne les aurait pas suffisamment écoutés entre 2017 et 2022. Toutefois, il existe une différence entre vouloir se faire entendre et pénaliser le bon fonctionnement des institutions et la continuité de l'action publique. J'espère me tromper mais je ne suis pas convaincu que la prochaine législature fera preuve de bon sens en la matière. Nous n'en sommes pas arrivés là par hasard. Il appartient aux élus du peuple de tirer les bons enseignements de cette situation qui laisse augurer une ingouvernabilité de la France. Ne vous retranchez pas derrière des excuses accusant l'adversité ! Ayez l'humilité de reconnaître vos torts ! Ce serait déjà un bon commencement. Cela fait suffisamment longtemps que les Français expriment leur mécontentement, qu'ils boudent les bureaux de vote, que leur vote s'avère volatil et de plus en plus tourné vers les extrêmes. Le 19 juin 2022 restera à jamais l'avertissement de la France à l'égard des partis modérés qui ont sombré dans un coma éthylique dont ils peineront à se réveiller indemnes.

Quel avenir pour la Vème République ?

Il est sans doute temps de soulever à nouveau la question. Le choc électoral du 19 juin 2022 n'a fait que confirmer que la règle constitutionnelle nationale n'est peut-être plus adaptée à la réalité de la vie politique française. A quoi bon conserver des règles du jeu qui s'avèrent finalement pénalisantes pour le bon fonctionnement institutionnel ?

Je l'ai déjà évoqué dans ce livre : la Constitution d'octobre 1958 fut rédigée dans un contexte politique et social particulièrement difficile. La IVème République ne fonctionnait pas. Elle était aussi ingouvernable que la IIIème République. Le chef du gouvernement était alors responsable devant son Parlement. Dès que ce dernier le désavouait, c'était le branle-bas de combat qui se matérialisait par une action gouvernementale perturbée et au demeurant instable. Avec le recul, il serait si facile d'incriminer les constituants de la IVème République ! Il ne faut pas occulter que la France sortait de la Seconde Guerre mondiale meurtrie et détruite. Elle avait connu la douloureuse expérience du régime de Vichy et de l'Occupation. Au sortir de la guerre, il lui était impératif qu'une autorité exécutive ne puisse pas concentrer trop de prérogatives entre ses mains au risque de s'exposer à une dérive du pouvoir. Il importait donc de trouver les mécanismes de droit qui devaient garantir la séparation des pouvoirs, ce principe si cher à Montesquieu. Il est toutefois complexe d'établir des règles de droit qui assurent une certaine fluidité dans l'action exécutive tout en garantissant une véritable séparation des pouvoirs. En vérité, le système institutionnel parfait n'existe pas.

De même, reconstruire un pays après une guerre n'est jamais une période simple à diriger. A cela, n'oublions pas un élément qui avait son importance au moment des faits : la France disposait encore d'un empire colonial. Or c'est sous la IVème République que s'amorça le mouvement de décolonisation. Ce dernier s'avéra délicat voire houleux en fonction des cas. C'est ainsi que la guerre d'Indochine sévit pendant les années 1940 et 1950, jusqu'à la débâcle douloureuse de Diên Biên Phu. Ce contexte conflictuel ne favorisa pas le bon fonctionnement institutionnel en métropole avec des gouvernements trop souvent désavoués par le Parlement. Comme si cela ne suffisait pas, l'Algérie commença à s'agiter à son tour au point de basculer vers une véritable guerre qui trouva son épilogue avec les accords d'Evian en 1962.

Entre temps, la IVème République agonisait. La France s'enfonçait toujours plus dans une crise politique et sociale. Il fallait faire quelque chose. Charles de Gaulle fut alors identifié comme l'espoir de la dernière chance. Il était l'homme de la Libération. Il incarnait l'autorité, sans doute trop au goût de certains qui craignaient que ce personnage eût la tentation de confisquer le pouvoir. Lors d'une conférence de presse donnée en mai 1958, il eut ce fameux mot : *« pourquoi voulez-vous qu'à soixante-sept ans je commence une carrière de dictateur ? »* Il venait ainsi d'annoncer qu'il n'était nullement question pour lui de s'imposer comme une figure autoritaire de la nation. Toutefois, il convenait de mettre fin à l'instabilité chronique de la IVème République. Pour cela, il fallait donc accorder davantage de prérogatives de puissance publique au chef de l'Etat. C'était sa vision. C'est dans cet esprit que fut rédigée la Constitution qui donna vie à la Vème République. Ce texte fait toujours partie du droit positif français et de ce que les juristes nomment bloc de constitutionnalité.

Le texte originel a connu depuis lors des modifications. Toutefois, l'esprit de cette Constitution n'a pas changé : le Président de la République doit pouvoir piloter la gouvernance nationale. Il incarne la figure de proue de l'autorité exécutive. Techniquement, il dispose de prérogatives de puissance publique qui doivent lui permettre de décider. Des mécanismes sont prévus pour empêcher toute forme de dérive du pouvoir. La cohabitation en fait partie. Lorsque le Président de la République ne parvient pas à obtenir de majorité à l'Assemblée nationale, le Premier ministre devient alors le dirigeant politique à qui revient l'autorité de décider. Le champ d'action du Président de la République s'en retrouve ainsi limité. L'idée du général de Gaulle était de permettre à la France de ne pas bloquer l'action exécutive, qu'il y ait une continuité sans entrave institutionnelle. Il lui était impensable de diriger la France dans un climat ambiant où toute opposition parlementaire serait susceptible de causer de nouveaux troubles institutionnels. Il fallait donc que le chef de l'Etat puisse s'appuyer sur une majorité parlementaire. C'était le meilleur moyen de réduire cette problématique qui caractérisa tant les IIIème et IVème Républiques. Il fallait cependant créer des mécanismes de contre-pouvoir car l'idée majeure demeurait de préserver la France contre toute forme de dérive du pouvoir. Ainsi, les règles de la vie institutionnelle nationale changèrent avec ce nouveau texte constitutionnel. Pour Charles de Gaulle, la France ne pouvait se sortir de la crise algérienne sans une autorité exécutive capable de décider rapidement sans s'exposer au risque de devoir patienter et appréhender les réactions de l'Assemblée nationale.

Le général incarnait l'autorité militaire. Pourtant, son nom est resté à jamais dans les mémoires collectives. Combien de politiques se réclament encore du gaullisme ? Il marqua assurément les esprits. Il aimait décider mais assumait ses choix. Il prit la présidence de la France dans un contexte national difficile. Il l'était tout autant à l'international. L'Europe et le monde étaient alors plongés en pleine guerre froide tandis que la décolonisation se poursuivait et marquait la fin des grands empires coloniaux européens. Enfin, ce fut également la période pendant la laquelle la construction européenne commença à prendre forme. Les premières négociations furent engagées dans les années 1950, c'est-à-dire avant de proposer au général de Gaulle de revenir aux affaires. Il hérita de ce projet multipartite promouvant des relations commerciales et autres avec plusieurs autres pays européens dont l'Allemagne, l'ennemi juré d'antan. Si l'Union européenne apparaît de nos jours comme une évidence pour beaucoup de Français, ce n'était pas le cas à la fin des années 1950. Bien que l'intention fût de mettre en place des synergies visant à assurer la paix en Europe occidentale, le souvenir douloureux de la Seconde Guerre mondiale était alors présent dans beaucoup d'esprits. Combien avaient perdu des proches pendant le conflit, furent mutilés ou atteints de traumatismes en tout genre ? Avec le temps, on oublie le contexte de l'époque mais tout cela contribua à prévoir une nouvelle Constitution faisant du Président de la République le principal décideur de la France.

Depuis plus de six décennies, la même règle régit la vie institutionnelle du pays. Depuis lors, la vie politique nationale a connu de nombreux rebondissements. Georges Pompidou, Valéry Giscard d'Estaing, François Mitterrand, Jacques Chirac, Nicolas Sarkozy, François Hollande et désormais Emmanuel Macron, tous ces chefs d'Etat élus ont été amenés à présider la France avec l'esprit de gouvernance tel que prôné par Charles de Gaulle. Plusieurs connurent l'expérience de la cohabitation. Jacques Chirac fut celui qui expérimenta le plus de configurations en matière d'exercice du pouvoir. Avant de devenir le Président élu par les Français, il fut par deux fois Premier ministre. La première fois, c'était sous la présidence

Giscard d'Estaing mais entre les deux hommes, l'ambiance n'était pas à la franche camaraderie. La seconde fois fut sous la présidence Mitterrand. Il incarna l'expérimentation de la cohabitation. C'était une première. En 1995, il réussit son pari présidentiel et prit ses quartiers à l'Elysée. Ce fut le dernier septennat de la Vème République puisque le mandat présidentiel serait désormais limité à cinq ans. Entre temps, il prononça la dissolution de l'Assemble nationale pour convoquer de nouvelles élections législatives… qui le désavouèrent ! Il fut le seul Président de la République à connaître l'étrange expérience de la cohabitation sur cinq ans ! Il devint enfin le premier chef d'Etat à connaître le quinquennat. A bien des égards Jacques Chirac pouvait se targuer d'une exceptionnelle expérience de l'exercice du pouvoir car il connut quasiment toutes les configurations de gouvernance… à l'exception de la majorité parlementaire relative, le scénario auquel est désormais confronté le Président Macron.

La crise politique et institutionnelle à laquelle nous sommes confrontés n'est malheureusement pas surprenante. Cela fait de nombreuses années que les Français manifestent leur mécontentement croissant à l'égard de leurs autorités dirigeantes qu'ils ont portées au pouvoir par le vote. Baisse des taux de participation lors des scrutins électoraux, vote contestataire croissant, dénonciation du scrutin majoritaire pour les élections législatives qui ne représentent pas suffisamment bien le vote des Français, etc. les exemples peuvent être multipliés, il existe manifestement un problème entre les élites politiques dirigeantes et l'électorat. Le lien de confiance est extrêmement fragile. Pourtant, je réitère mon propos selon lequel rien n'est surprenant car ce qui paraissait incongru il y a encore deux décennies est devenu normal de nos jours. Clairement, le présence du Front National au second tour du scrutin présidentiel de 2002 fut un choc pour la France. En

2017 et en 2022, la présence de Marine Le Pen au second tour ne choque pas et on ne parle plus de tremblement de terre politique. Le vote a évolué mais les partis n'ont jamais réussi à trouver les moyens de réconcilier l'électorat avec les courants modérés. Cela a profité aux extrêmes mais là n'est pas le problème.

Avec un vote éclaté, on se retrouve avec des institutions gouvernantes qui travaillent au ralenti et qui entravent le bon fonctionnement de la gouvernance. En d'autres termes, au regard de la configuration politique actuelle, les règles du jeu ne me paraissent pas ou plus adaptées pour la bonne gouvernance nationale. Il ne faut cependant pas confondre la volonté d'éviter tout risque de dérive du pouvoir et le blocage institutionnel. Une majorité relative au sein de l'Assemblée nationale, avec la représentation actuelle, va nécessairement générer un impact nuisible sur la gouvernance nationale. Pour raison d'opposition politique, l'action exécutive sera soumise au bon vouloir des groupes politiques présents dans l'hémicycle et qui peuvent recaler à tout moment, à tort ou à raison, des dossiers nécessitant une urgence d'action. C'est ce qui m'inquiète. D'ailleurs, il est certain que le programme électoral d'Emmanuel Macron ne sera pas appliqué dans ses grandes largeurs car il sait pertinemment qu'il n'obtiendra pas les soutiens nécessaires au palais Bourbon pour entériner ses décisions. De même, dans une configuration parlementaire où il ne détient pas de majorité absolue, piloter la France à coups de projets de lois [27] serait mal perçu et sans doute ressenti comme une forme d'abus de pouvoir par ses détracteurs. Emmanuel Macron n'aura assurément pas la marge de manœuvre dont il disposa lors

---

[27] Note de l'auteur : le projet de loi est une loi émanant de l'autorité exécutive contrairement aux propositions de loi qui proviennent des chambres parlementaires, c'est-à-dire de l'Assemblée nationale et du Sénat.

de son premier quinquennat. Pour autant, il ne faut pas que cette situation pénalise la France pendant cinq ans. Ce ne serait pas tenable.

En 2022, la France souffre d'une crise de la représentation politique. Elle souffre également d'une crise de la légitimité politique. Il faut arrêter de dénoncer ces maux sans rien faire. La société française tourne le dos lorsqu'elle a la possibilité de s'exprimer par le vote. Cela démontre que quelque chose ne tourne pas rond ! Certes, vous pouvez m'opposer l'argument que les Français n'ont pas besoin de remplir des urnes pour s'exprimer, que lorsqu'ils sont mécontents, ils descendent dans la rue. C'est vrai. D'ailleurs, je constate que lorsque c'est le cas, les gouvernements en place ont généralement tendance à opérer du rétropédalage sur leurs intentions initiales plutôt que de s'exposer à une crise sociale durable.

Pour ma part, je défends le système accordant un pouvoir décisionnaire fort au Président de la République, tel qu'imaginé par la Constitution d'octobre 1958. Les régimes parlementaires des IIIème et IVème Républiques ne correspondaient pas à l'esprit politique français. En France, nous ne pratiquons pas la logique du compromis. Dès qu'un point de divergence apparaît dans un groupe, il se scinde au minimum en deux clans. Il n'est par conséquent pas possible de piloter la gouvernance du pays avec un paysage politique aussi disparate et sans grands partis dominants, ce qui est actuellement le cas. A ce jour, c'est même pire puisque l'Assemblée nationale offre une majorité relative au Président de la République mais les forces d'opposition, à l'exception du Rassemblement National, ne reposent que sur des listes d'alliances qui ont de grandes chances de voler en éclat à la moindre contrariété survenant au sein de ces mêmes alliances. Cela revient à affirmer qu'aucune force d'opposition ne peut promettre d'être indéfectiblement unie jusqu'à la fin de la législature. A mon sens, cela va rapidement devenir un inconvénient de taille pour le bon fonctionnement institutionnel. C'est comme si nous distinguions un mur en face de nous tandis que nous roulions à vive allure et que nous nous en rapprochions dangereusement sans esquisser le moindre geste qui fasse penser que nous tenterons de le contourner… Il ne me viendrait pour autant pas à l'idée de chercher à éviter tout scénario de cohabitation ou de majorité relative en faveur du Président de la République. La raison en est simple : le peuple élit son chef de l'Etat tout comme il élit ses représentants à l'Assemblée nationale. Il s'agit fondamentalement d'une expression démocratique. En revanche, il est possible de changer le calendrier de la survenance des élections législatives.

J'arrive sur ce terrain avec une idée précise. Lorsque la loi constitutionnelle sur le quinquennat fut adoptée en 2000, la France venait d'expérimenter trois septennats consécutifs impliquant une cohabitation. Le souci est que la dernière offrit cinq années de ce cas de figure qui ne faisait initialement pas partie de l'esprit de la Constitution d'octobre 1958. Le passage au quinquennat vit un avantage : le mandat portait sur la même durée qu'une législature de l'Assemblée nationale. A la bonne heure ! La dissolution de 1997 induisait donc que les prochaines élections législatives surviendraient en 2002. Bingo ! On allait s'affranchir d'un risque de cohabitation en organisant des élections présidentielles et législatives à intervalles rapprochés car le Président élu continuerait de bénéficier d'un état de grâce pendant plusieurs semaines… ce qui devait augurer un vote lui accordant une majorité absolue à l'Assemblée nationale. C'est ce qui se produisit en 2002, en 2007, en 2012 puis en 2017. A chaque fois, un nouvel homme fort était élu et les Français confirmaient la logique du vote exprimé lors de l'échéance présidentielle. En 2022, ce n'est pas le cas. Emmanuel Macron a certes été réélu mais il n'est pas populaire et les Français ne lui ont pas accordé de majorité absolue à l'Assemblée nationale. Cette configuration bancale est annoncée pour durer cinq ans… si de nouvelles élections législatives ne sont pas convoquées d'ici là.

Je remarque également que dans un contexte où les Français se déplacent peu dans les bureaux de vote, les convoquer à quatre reprises aux urnes en l'espace de quelques semaines n'est sans doute pas opportun. Ils ont volontiers été voter pour leur futur Président. En revanche, ils ont déserté les isoloirs pour les législatives. Dans un environnement global de lien de confiance distant entre les élus et l'électorat, il ne fallait pas s'attendre à un miracle de fréquentation assidue des bureaux de vote… Ma suggestion est la suivante : pourquoi ne pas s'inspirer du modèle américain avec des élections législatives de mi-mandat ? Cela ne réduirait pas le risque d'une majorité relative ou d'une cohabitation mais un tel calendrier aurait le mérite de ne pas convoquer les Français pour des enjeux électoraux à intervalles trop rapprochés. D'autre part, cela aurait une incidence sur le pilotage de la gouvernance exécutive car un vote à mi-mandat deviendrait un vote de soutien à l'action exécutive ou de sanction en cas d'insatisfaction.

J'entends parfois des politologues, des journalistes et différents observateurs de la vie publique regretter que les jeunes paraissent de moins en moins se tourner vers des ambitions politiques. Il est vrai qu'au regard des responsabilités assumées et la rémunération offerte, beaucoup, les diplômés notamment, préféreront s'engager dans une carrière professionnelle plus rémunératrice et moins contraignante en termes de responsabilités personnelles. Toutefois, je vais prendre le contre-pied par rapport à ces craintes portant sur le renouvellement générationnel en suggérant de limiter les mandats à portée nationale à un seul mandat non-renouvelable. Cela concerne le chef de l'Etat et les parlementaires. L'action publique dépend malheureusement trop de calculs personnels et / ou partisans. Un Président de la République, un sénateur ou un député est un élu. On n'est pas Président ou parlementaire de métier. Afin de réduire au maximum les intérêts personnels ou partisans, ces élus devront laisser leur place une fois leur mandat achevé, quitte à pouvoir se représenter ultérieurement mais l'idée demeure de ne laisser personne prendre racine dans un mandat d'élu national. Je vais contre la logique de Guy Carcassonne qui défendait l'idée qu'un Président puisse être élu indéfiniment dès lors que l'électorat en décidait ainsi. L'argument est évidemment pertinent mais l'action publique est définitivement trop parasitée par les enjeux électoraux. Un décideur doit décider. Il doit décider en fonction de l'intérêt général, que la décision soit populaire ou pas. Il doit décider pour le bien de la nation. Gouverner, c'est prévoir et anticiper. Une équipe gouvernante doit assumer ses responsabilités et décider. On ne décide pas pour satisfaire un électorat. C'est bien le problème que nous rencontrons. Lorsqu'on essaye de contenter ce dernier, cela induit une logique électoraliste. Une décision impopulaire doit être expliquée. C'est le rôle d'un gouvernant, exécutif ou législatif, de communiquer avec l'électorat, d'expliquer les raisons d'une décision mal acceptée. Depuis trop longtemps, on éteint la plupart des mouvements sociaux en rétropédalant… et en reportant des affaires importantes qui deviennent des patates chaudes pour les équipes dirigeantes suivantes. En effet, les problèmes ne disparaissent pas. C'est pour cette raison, celle visant à optimiser l'engagement des élus en faveur de l'action publique le temps de leur mandat, que je suggère ce mandat unique non-reconductible lors de l'élection présidentielle ou parlementaire suivante.

Une fois de plus, le système parfait n'existe pas. Je suggère quelques pistes de réflexion, qui sont tout à fait critiquables car comportant également leur lot d'inconvénients. Toutefois, je constate à l'instar de beaucoup de Français que les règles de fonctionnement des institutions freinent l'action publique et que certaines ne sont pas perçues comme étant justes. Je pense notamment au mode de scrutin majoritaire des élections législatives. Il était incompris dès lors que des partis politiques étaient surreprésentés ou sous-représentés au regard de leur poids dans l'électorat national. Le découpage des circonscriptions faisait débat. La France avait pris pour habitude de s'adonner au *gerrymandering*, une technique de découpage des circonscriptions s'opérant en vue de donner un avantage à un candidat, un parti ou une liste. Or les élections législatives indignent les Français qui ne comprennent pas la surreprésentation ou la sous-représentation de certains partis politiques. Pour assurer une représentation politique plus en adéquation avec l'expression du vote, il serait sans doute bon d'introduire une dose de scrutin proportionnel, tout en conservant le mode de scrutin majoritaire. Il est impératif de mettre en place un mécanisme électoral qui induise un résultat « juste » aux yeux de l'électorat. A mon sens, c'est fondamental.

Au travers de ces quelques suggestions, il ne me semble pourtant pas essentiel de doter la France d'une nouvelle Constitution. Il est tout à fait possible d'opérer des révisions constitutionnelles sans avoir à recourir à la rédaction d'un nouveau texte. Je demeure favorable à ce que le Président de la République dispose des prérogatives de puissance publique nécessaires pour présider la gouvernance du pays. Il est certain que son rôle doit être encadré et que son champ d'action ne puisse permettre de dérive du pouvoir. En somme, ce n'est pas tant sur le fond que je suggère des changements dans les règles du jeu ;

c'est sur la forme. Lorsque je devise sur la non-reconduction du vote pour les élus nationaux, sur le changement calendaire des élections législatives ou encore sur une modification portant sur le mode de scrutin inhérent aux élections législatives et qui n'est pas nécessairement représentatif du vote des Français, je ne m'attaque pas à l'esprit de la Constitution d'octobre 1958. La Vème République peut donc continuer d'exister. Cependant, je comprends les défenseurs d'une VIème République, c'est-à-dire les personnes qui militent pour la rédaction d'une nouvelle Constitution. Il faut bien se rendre à l'évidence que les règles actuelles ne sont pas en adéquation avec la réalité politique nationale. On en a un parfait exemple avec cette nouvelle législature qui voit l'échiquier politique français complètement éclaté. Il n'y a plus de parti politique dominant chez les modérés. Certains s'apprêtent peut-être même à créer de nouveaux partis politiques. Quant aux listes formées en vue des élections législatives, seront-elles solides ? Personnellement, je n'y crois pas. Rien ne garantit que l'alliance Ensemble ! demeure soudée sur tous les dossiers qui transiteront par l'Assemblée nationale. Je ne pense pas que Nupes soit durable. Cette liste a ratissé large et les résultats escomptés ne sont pas à la hauteur des espérances de l'alliance. D'ailleurs, le Rassemblement National a obtenu davantage de députés que La France Insoumise. Sur fond de majorité relative, l'hémicycle connaîtra assurément des batailles enflammées, des désaccords et discordes incessants tandis qu'à l'Elysée, le Président de la République s'exposera systématiquement à la fronde des députés. Cela aura pour effet de lui faire mettre de côté les dossiers les plus sensibles. Pendant ce temps, ce sont les intérêts de la France et des Français qui en pâtiront. On ne peut pas laisser le fonctionnement institutionnel en l'état. On ne peut pas se permettre de laisser la France nager en plein marasme politique pendant un quinquennat. Ce n'est pas envisageable ! Je comprends donc que des gens proposent de mettre un terme à la Vème République et de repartir avec de nouvelles règles institutionnelles visant à assurer la fluidité de l'action publique en dépit des rivalités partisanes. Pour ma part, je ne suis pas certain qu'il faille en arriver jusqu'à la rédaction d'une nouvelle norme suprême. En revanche, il faut impérativement changer quelques règles de fonctionnement… et vite !

Choix cornéliens et coup de tonnerre surprise

Le surlendemain du second tour, la cheffe du gouvernement Elisabeth Borne remit sa lettre de démission au Président de la République. Ce dernier la refusa. Dans la plupart des médias nationaux, la principale interrogation portait sur ce qu'Emmanuel Macron entendait faire pour éviter une crise politique majeure. Il s'accorda un bref temps de réflexion. Il lui fallait faire l'inventaire des options à sa disposition et surtout considérer les conséquences induites ou probables pour chacune d'entre elles.

Le Président de la République dispose de la possibilité de dissoudre l'Assemblée nationale, dans les conditions telles qu'édictées par l'article 12 de la Constitution. [28] Il détient effectivement le droit de la dissoudre sans délai mais il lui faut en amont s'assurer l'obtention d'une majorité absolue en sa faveur ou contre lui. Or ce n'est pas gagné. Le scénario de la majorité relative, quelle qu'en soit l'issue, ne serait qu'un coup d'épée dans l'eau, sauf si cette dernière se retrouve proche d'une majorité absolue. En l'occurrence, à ce jour, au regard du vote des Français et de la composition de la

---

[28] Note de l'auteur : l'article 12 de la Constitution dispose que « *Le Président de la République peut, après consultation du Premier ministre et des présidents des assemblées, prononcer la dissolution de l'Assemblée nationale.*
Les élections générales ont lieu vingt jours au moins et quarante jours au plus après la dissolution.
L'Assemblée nationale se réunit de plein droit le deuxième jeudi qui suit son élection. Si cette réunion a lieu en dehors de la période prévue pour la session ordinaire, une session est ouverte de droit pour une durée de quinze jours.
Il ne peut être procédé à une nouvelle dissolution dans l'année qui suit ces élections. »*, www.conseil-constitutionnel.fr, Constitution du 4 octobre 1958

nouvelle législature, le Président Macron prendrait un risque élevé en dissolvant l'Assemblée nationale.

De même, après une dissolution, il ne pourrait pas recourir une nouvelle fois à ce mécanisme avant qu'une année ne se soit écoulée. Une telle décision ne doit être prise que lorsqu'on a l'assurance de se retrouver dans un contexte de ralentissement voire de paralysie du fonctionnement institutionnel et qu'il faille impérativement sortir de cette situation au plus vite. Cependant, une telle décision n'assure pas la résolution des problèmes avec la tenue de nouvelles élections législatives. D'autre part, l'article 12 est un mécanisme encadré permettant au Président de la République de l'utiliser s'il l'estime nécessaire. Toutefois, il ne s'agit pas d'un joker accordé au chef de l'Etat. Premièrement, une dissolution peut être décidée mais la sortie de crise politique n'est pas immédiate puisqu'il existe un délai pour assurer l'organisation de nouvelles élections législatives. Deuxièmement, le Président de la République ne peut diriger la France à coups de dissolution de l'Assemblée nationale. Il est soumis à un délai minimal avant de pouvoir y recourir à nouveau mais surtout, si les résultats le désavouent, il faudra bien que ce dernier en tire les enseignements nécessaires. Une élection législative repose sur le vote direct opéré par les Français.

Après deux jours de réflexion, les médias commencèrent à communiquer au sujet de l'option portant sur la composition d'un gouvernement d'union nationale. L'idée était séduisante. En d'autres termes, la manœuvre consisterait à associer d'autres bords politiques dans le gouvernement. Je ne puis m'empêcher de m'interroger sur ce point précis : une proposition sera-t-elle faite à des membres du Rassemblement National pour participer à ce nouveau gouvernement ? En d'autres termes, ce parti politique qui fait l'objet d'une diabolisation ancienne de ses opposants va-t-il trouver grâce et légitimité aux yeux de ces derniers au regard de la configuration actuelle ? La question est d'autant plus importante que ce parti d'extrême droite détient la deuxième représentation la plus fournie, après LREM, de cette nouvelle législature.

Si l'option du gouvernement d'union nationale doit aboutir, il va nécessairement y avoir des compromis qui devront être négociés. Le Président Macron n'aura pas la partie facile car chacun tentera d'obtenir les meilleurs portefeuilles ministériels, ou du moins les plus stratégiques. Deuxièmement, considérant les partis sondés pour faire partie de cette nouvelle équipe gouvernementale, jusqu'à quel point seront-ils enclins à accepter l'ouverture ? En toile de fond, vous comprenez bien que tous les regards vont se porter sur l'extrême droite. D'ailleurs, il ne faut pas oublier que le Président Macron ne pourra pas se représenter à l'issue de son quinquennat. En d'autres termes, toutes les factions politiques qui intègreront ce nouveau gouvernement auront en ligne de mire l'élection présidentielle de 2027. A défaut de trouver une meilleure solution dans l'immédiat, l'ouverture pensée par Emmanuel Macron n'aura peut-être pas les effets escomptés en raison des intérêts défendus par chacun. Néanmoins, au regard de la complexité de la situation, cette option doit être tentée.

En permettant à plusieurs formations politiques d'intégrer la vie gouvernementale, le Président Macron espère faciliter la collaboration exécutive et législative. Sur le fond, c'est défendable, d'autant plus qu'il n'existe pas de solution miracle. De toute manière, avec une telle composition de l'Assemblée nationale, il lui faudra systématiquement séduire des forces de l'opposition pour obtenir une majorité absolue. Les dossiers chauds seront systématiquement ralentis par les opposants qui voudront faire valoir des amendements et autres conditions. Cela fait partie de la vie parlementaire et des aléas des relations liant les autorités exécutives et législatives. La France a déjà connu par le passé le cas d'une majorité présidentielle disposant d'une majorité relative. Toutefois, le Parti Socialiste pouvait plus « facilement » négocier les voix manquantes pour s'assurer une majorité absolue puisqu'il lui fallait quatorze soutiens supplémentaires pour l'obtenir. En 2022, il faut conquérir beaucoup plus de députés de l'opposition pour y parvenir. S'il faut systématiquement négocier avec chacun pour tous les dossiers soumis au Parlement, ces négociations de l'ombre prendront un temps inouï. C'est en cela qu'associer les grandes forces politiques nationales à la nouvelle équipe gouvernementale a du sens. Ce choix aurait peut-être le mérite de faciliter les orientations des parlementaires bien que tout cela demeure hypothétique. En effet, dans la mesure où chacun aura en ligne de mire l'élection présidentielle de 2027, un gouvernement d'union nationale n'offre aucune garantie de stabilité politique. Chaque force d'opposition peut brandir à sa guise la menace de ne pas suivre la position de l'exécutif ou du Parlement. En d'autres termes, rien ne garantit que cette proposition d'ouverture engendre un compromis durable.

Une fois de plus, la marge de manœuvre présidentielle est ténue. Emmanuel Macron peut opter pour la dissolution de l'Assemblée nationale mais rien ne lui garantirait à ce jour d'obtenir une nouvelle composition de l'hémicycle qui soit moins pénalisante pour la vie institutionnelle du pays, surtout dans une configuration où le vote de l'électorat est aussi éclaté. L'ouverture du gouvernement à d'autres forces politiques a donc du sens dans pareilles circonstances. Oui, mais avec qui ? Chacun fera évidemment pression pour faire valoir ses doléances et menacer de rompre toute forme d'alliance dès qu'un point de divergence apparaîtra. C'est la politique. Pour autant, je ne suis pas convaincu que ce nouveau gouvernement soit durable car l' « union nationale » n'en portera que le nom au regard de l'hétérogénéité des futures forces politiques qui y seront associées. Dans la logique des choses, il faudra bien discuter avec tous les partis fortement représentés à l'Assemblée nationale. Je crains que ce futur gouvernement de coalition ne soit trop fragile pour tenir. L'exercice de style est complexe tandis que tout reposera sur un savant équilibre qu'il faudra perpétuellement entretenir en fonction des sujets débattus. En effet, les soutiens ne seront pas systématiquement les mêmes en fonction de la nature du sujet débattu. Pour toutes ces raisons, je ne suis pas convaincu que cette option soit pérenne. En tout cas, elle mérite d'être tentée et si elle doit aboutir à un échec, il sera toujours temps pour le Président de la République de prononcer une dissolution de l'Assemblée nationale. Enfin, croyait-on…

Le 22 juin, dans une allocution faite aux Français, Emmanuel Macron indiqua se refuser à envisager le scénario d'un gouvernement d'union nationale. Il estimait qu'il incombait aux forces d'opposition d'assumer leurs responsabilités et de travailler en bonne intelligence afin de ne pas bloquer le fonctionnement des institutions dirigeantes. Pour l'opposition, un tel message est une provocation, un moyen inacceptable de provoquer une crise institutionnelle. En apparence, le message présidentiel ne laisse pas augurer un apaisement de la situation. Cependant, on ne peut pas lui donner tort lorsqu'il expose qu'il s'appuie sur une majorité, certes relative, mais qu'il dispose de la force parlementaire la plus imposante de la nouvelle législature. Quant aux critiques de l'opposition, elles sont défendables. Dès lors, le Président Macron a-t-il mis en place un moyen de provoquer une crise inévitable ?

J'ai l'impression qu'il active une stratégie digne de *L'art de la guerre* de Sun-Tzu. Tandis qu'on le pensait acculé et disposant de peu d'options, il renvoie la responsabilité à ses opposants. En somme, le message est le suivant : « je n'ai pas la majorité absolue mais saurez-vous vous entendre pour l'obtenir de votre côté ? » En filigrane, il leur suggère de réfléchir à leurs alliances futures. Impliqueront-elles le Rassemblement National ? Je suspecte ainsi une manœuvre présidentielle d'alimenter la cacophonie en devenir au sein de l'hémicycle pour mieux préparer une dissolution de l'Assemblée nationale et espérer alors obtenir une majorité absolue avec l'organisation de nouvelles élections législatives. Cependant, pour optimiser ses chances de succès, il est préférable pour lui de laisser s'écouler quelques temps avant de renvoyer ses adversaires face à leurs responsabilités et de dénoncer leur incapacité à faire fonctionner correctement les institutions dirigeantes.

En fin de compte, le choix d'Emmanuel Macron est peut-être audacieux mais il n'est pas dénué de risques. Il est effectivement probable que l'ambiance de la nouvelle législature montre rapidement des signes d'essoufflement précoce. Ce choix a manifestement surpris l'opposition qui n'imaginait pas le Président de la République communiquer avec autant d'aplomb tandis qu'il ne semble pas en position de force. Il a outré ses adversaires mais il les somme de travailler intelligemment afin que ne leur incombe pas la responsabilité d'une crise politique. Il aura définitivement prouvé qu'il s'agissait d'un coup de maître si cette dernière devait conduire à la prononciation d'une dissolution de l'Assemblée nationale et qu'il parvienne à remporter une majorité absolue dans la foulée. Ce scénario est toutefois loin d'être rédigé. Il est encore moins acté.

Conclusion
Lettre ouverte au Président de la République française

Monsieur le Président de la République,

J'arrive au terme de ma réflexion et c'est à vous que je m'adresse. Les lignes que vous lirez, je ne les destine pas à Monsieur Emmanuel Macron en sa qualité d'individu mais à l'autorité qu'il incarne, celle du chef du pouvoir exécutif français. Je m'adresse à l'autorité chargée de piloter le bateau français malgré le séisme du 19 juin 2022 qui a secoué la France.

Je peine à dissimuler mon inquiétude. Tout au long de ce livre, j'ai essayé de montrer que la France est malade. Son monde politique n'est pas au mieux. La société française n'est pas au mieux non plus. Ce ne sont pas les élections législatives qui contrediront ces propos. Quant aux liens entre l'environnement politique et l'électorat, ils ne sont pas au beau fixe. Ce n'est pas une attaque gratuite. Quelque chose ne va pas. Le mal est profond. A votre décharge, je ne vais pas vous accabler de responsabilités et autres torts qu'il serait facile de vous octroyer au travers de l'autorité que vous représentez à l'instant présent. Je comprends la grogne voire la colère des Français mais je vous accorde volontiers que vous n'êtes pas responsable de tout. Pourtant, j'ai le sentiment que la distance entre l'univers politique et le monde profane ne cesse de grandir. Je crains que le système ne soit peu à peu en train de s'essouffler.

Malheureusement, ce n'est pas le taux de participation aux élections législatives de juin 2022 qui me fera penser le contraire. Je vous le concède, il fait beau et chaud un peu partout en France et sans doute que beaucoup de nos compatriotes ont préféré profiter de ces journées agréables tant recherchées pour déserter les bureaux de vote. Cela fait partie des motivations de désertion des isoloirs. Il serait surtout erroné de ne pas considérer le désintérêt des Français pour les grands enjeux politiques et électoraux. Vous venez à peine d'être élu que les taux de participation aux élections législatives sont faméliques. Il s'agit tout de même de l'élection qui va déterminer votre quinquennat, ni plus ni moins ! Vous obtenez une majorité absolue et vous pilotez la France. Une majorité relative et vous serez coincé. Vous perdez et votre chef de gouvernement sera le véritable décideur. Quand on en arrive à ce constat désolant, il faut croire que la fameuse réplique tirée de Hamlet et postulant qu' *« il y a quelque chose de pourri dans le royaume du Danemark »* peut s'appliquer à la France : quelque chose ne va définitivement pas ou plus. Le peuple détient le pouvoir du vote entre ses mains mais ne l'exerce plus ou que trop peu. Les Français sont lassés. Beaucoup ont leurs problèmes du quotidien à gérer et peinent à s'en sortir. Ils n'entendent plus écouter des politiciens qui leur font des promesses électorales qui ne sont qu'au mieux partiellement respectées. Faites attention à ceci : moins les Français voteront et moins leurs élus seront légitimes à leurs yeux. Leur patience à leur regard sera par conséquent à durée limitée.

Monsieur le Président, vous avez du cran et du panache. Vous êtes audacieux. Vous avez déboulé sur la scène politique française à une vitesse fulgurante. Votre jeunesse, votre fougue et votre manifeste inexpérience de la scène politique lorsque vous quittâtes Bercy firent qu'une grande majorité de politiques français ne croyait aucunement en vos chances de succès électoral en 2017. Vous avez stupéfait tous ces gens en vous imposant avec une facilité déconcertante. A titre personnel, j'avais commencé à croire en vos chances de succès final lorsque le

Président Hollande se résigna à ne pas se représenter. C'est à ce moment-là que je compris que vous aviez quelque chose de plus que les autres. Votre prédécesseur était sans doute animé par l'envie de prolonger son expérience présidentielle de cinq ans. Il vous a assurément maudit. Comment aviez-vous pu vous distancer de la sorte de cet homme qui vous avait mis le pied à l'étrier ? Je ne porterai aucun jugement car c'est la politique, c'est ainsi. Vous aviez le droit de voler de vos propres ailes. Vous n'avez enfreint aucune règle. D'ailleurs, malgré sa colère ou son amertume, il a cependant dû ressentir comme une sorte de fierté en vous voyant vous engager vers cette irrésistible conquête de la France. Après tout, n'est-ce pas lui qui vous avait repéré et proposé un poste à l'Elysée en 2012 ? Contrairement à d'autres, il a probablement renoncé à l'idée de briguer un second mandat présidentiel parce qu'il avait compris que personne ne vous arrêterait. Emmanuel Macron et l'Elysée, c'était l'association évidente.

Je vous reconnais une grande qualité pour faire de la politique : vous êtes animé par un sens extraordinaire de la stratégie. Je vais aller plus loin : il est hors du commun. Vous êtes parvenu à faire éclater l'adversité au point que plusieurs années plus tard, vos coups de maître n'ont toujours pas été digérés. Vous avez l'intelligence de prendre quelques recettes déjà existantes, d'y ajouter votre touche personnelle et vous avez composé un plat exquis dont vos adversaires ne se sont pas encore remis. Vous avez compris que pour combattre les partis modérés, il fallait les affaiblir et permettre aux extrêmes ou aux contestataires de gagner en popularité car tout ce qui voterait pour eux ne serait pas acquis à vos adversaires socialistes, centristes et républicains. D'ailleurs, cela tombait bien car Marine Le Pen s'était lancée dans une opération séduction efficace en changeant sa manière de communiquer. Elle était devenue douce et tranchait désormais avec l'image dure de son père connu pour son sens aigu de la provocation, stratégie parfaitement assumée par le principal intéressé. De l'autre côté, Jean-Luc Mélenchon mettait en exergue ses qualités de tribun et rassemblait toujours plus de monde autour de lui. Quant à vous, vous incarniez la nouvelle offre politique au sein des leaders plus modérés. Vous aviez compris que beaucoup de Français n'allaient plus accorder aussi facilement leur voix à un parti traditionnel ayant déjà été au pouvoir. Il y avait beaucoup de déçus à conquérir. Tout déçu ne va pas nécessairement s'abstenir. Le problème était que le taux d'abstention devenait régulièrement élevé au gré des différentes élections se tenant en France. D'autre part, les sondages indiquaient que Marine Le Pen et Jean-Luc Mélenchon voyaient les Français leur accorder toujours plus d'opinion favorable.

Vous avez remarquablement étudié la question pour adopter la bonne stratégie, celle qui vous mena à la victoire. Non content de ce succès électoral, vous avez achevé vos adversaires, notamment ceux du parti Les Républicains, en séduisant plusieurs de ses membres. Ces derniers devinrent des traîtres aux yeux des leurs. Quant à vous, vous pouviez vous targuer d'avoir respecté un engagement en promettant un gouvernement d'ouverture. C'était malin et bien avisé. Votre coup était parfait. Il n'y avait plus qu'à transformer l'essai lors des élections législatives de 2017. Auréolé d'un état de grâce, l'Assemblée nationale fut investie d'une majorité de députés s'étant présentés sous l'étiquette En marche, le mouvement que vous aviez fondé quelques mois auparavant, en 2016. Tout cela, il me semble l'avoir déjà évoqué dans ce livre. Je salue le stratège que vous êtes car vous avez réussi votre coup à la perfection. Je vais aller plus loin : c'est ce qui vous a permis de pouvoir vous représenter dans des « conditions idéales » en 2022 malgré la grande impopularité qui était la vôtre pendant la majeure partie de votre quinquennat.

Les Français vous ont reproché beaucoup de choses. Je garde en mémoire le mouvement des Gilets jaunes qui s'étala sur de nombreuses semaines. La réforme des retraites était sans doute nécessaire mais elle n'a pas plu. Vous avez également eu à gérer des impondérables : la crise sanitaire Covid-19 et la crise ukrainienne. En cinq ans, vous avez eu beaucoup de dossiers compliqués à gérer. Vous avez essuyé de nombreuses critiques.

Pour ma part, je renonce à vous accabler car on n'imagine pas la complexité que représente la gouvernance d'un pays. Au-delà de cette pensée, vous vous êtes toujours battu avec force et conviction. D'ailleurs, je garde en tête cette image absolument saisissante lorsque vous fûtes reçu à Moscou par votre homologue russe Vladimir Poutine afin de tenter de désamorcer la crise ukrainienne. Distant de plusieurs mètres avec cet homme qui avait tout mis en scène pour vous intimider, vous êtes resté et vous avez continuellement exposé des arguments sans jamais vous décourager. Pour certains, avec un tel accueil, vous auriez dû partir et faire comprendre au Président Poutine que ce n'était pas une manière de recevoir les gens. Je ne partage pas cet avis. Vous avez eu le courage de rester et de tenter de sauver la paix. L'échec de la diplomatie n'est pas de votre responsabilité. Vous avez essayé. Vous avez fait ce que personne d'autre n'avait entrepris. Quant à l'éclatement des hostilités, jusqu'à preuve du contraire, il fut ordonné par le Kremlin tandis que la voix officielle russe martelait encore quelques heures auparavant sa volonté de maintenir le dialogue pour éviter la guerre.

Votre investissement dans cette tentative de conciliation diplomatique a été grandement apprécié par les Français. Votre impopularité a peu à peu évolué vers une opinion favorable de vos compatriotes à votre égard car ils ont reconnu vos efforts incessants déployés pour nous prémunir d'une nouvelle guerre. Alors que beaucoup pensaient que vous n'auriez aucune chance d'être reconduit dans vos responsabilités présidentielles, la crise ukrainienne vous a accordé ce petit plus qui a suffi pour battre vos adversaires. Vous n'avez pas été élu car vous étiez le plus populaire. Non. Vous avez gagné car vous avez obtenu plus de voix que vos adversaires mais cela a suffi pour faire de vous un vainqueur légitime. Vous aviez surtout compris que les partis modérés étaient à la dérive depuis longtemps et que vos principaux adversaires se nommeraient Jean-Luc Mélenchon et Marine Le Pen. Pour couronner le tout, un nouveau venu allait animer encore plus les débats en la personne d'Eric Zemmour.

Le 24 avril, vous aviez officiellement remporté pour la deuxième fois consécutive l'élection présidentielle. Cette fois-ci, il n'était nullement question de faire montre d'une quelconque forme de triomphalisme. La célébration de votre victoire fut sobre. Vous aviez compris.

Il y a une autre grande qualité que je vous reconnais : vous êtes doté d'une prodigieuse intelligence politique. Dès l'annonce officielle de votre succès, vous saviez surtout que le plus difficile était à venir : remporter les élections législatives. Cette fois-ci, vous ne bénéficiez plus de l'état de grâce de 2017. Cette fois-ci, le paysage politique français est tellement morcelé qu'aucun parti ne serait en mesure de conquérir la majorité des sièges à pourvoir à l'Assemblée nationale sans une alliance avec d'autres partis politiques. Vous aviez surtout compris que la France est vraiment malade. Vous alliez peut-être devoir assurer l'intégralité de votre second quinquennat au gré d'une cohabitation. Ce serait à mon sens le signe qu'il serait définitivement temps de repenser les grandes règles qui encadrent le fonctionnement politique et institutionnel français.

La France est comparable à un volcan inactif. Or il serait faux de croire qu'il est endormi à jamais. Un volcan peut toujours se réveiller. Il faut le surveiller et comprendre lorsqu'il sera sur le point d'entrer en éruption. La France est un volcan visiblement endormi mais qui n'est pas dénué d'activité souterraine. La France gronde. Elle est en colère. Il ne faut pas croire qu'elle ne s'exprime que dans la rue. Cela reviendrait à évoquer l'arbre qui cache la forêt. Le mal est bien plus profond. Cela fait de nombreuses années que les Français ne se sentent pas bien, qu'ils critiquent leurs dirigeants politiques car estimant que ces derniers ne tiennent pas leurs promesses. Ce n'est pas toujours vrai. En revanche, il y a une chose qui perdure en France, c'est la politique consistant à reculer pour mieux sauter. Je pense notamment à la réforme des retraites.

Monsieur le Président, je vais encore une fois vous décharger d'une partie de vos responsabilités puisque cette réforme est dans les tuyaux depuis très longtemps mais dès lors qu'il s'agit de passer à l'acte, tout se complique. Combien avant vous ont fait marche arrière ? Pourtant, il va falloir y passer et je ne doute pas que vous irez jusqu'au bout de vos idées contre vents et marées. Cela ne plaira pas à tout le monde, c'est certain. Dans une société où le nombre des inactifs croît tandis que l'espérance de vie en France est parmi les plus élevées au monde, celle des Françaises dépassant quatre-vingt-cinq ans, il faut se rendre à l'évidence : si le temps de travail n'est pas rallongé, le système va s'effondrer et le paiement des retraites ne sera un jour plus garanti. Plutôt que de passer à un système à l'américaine où chaque travailleur doit épargner et capitaliser en vue de ses vieux jours, la France opte pour une solution moins contraignante pour tout travailleur. Celui qui a suffisamment cotisé tout au long de sa carrière doit pouvoir percevoir une pension une fois qu'il devient inactif. Le problème est que le taux de natalité en France n'est pas des plus dynamiques et que la population nationale est par conséquent en voie de vieillissement. Autrement dit, si le temps de travail n'est pas rallongé, le système actuel des retraites ne sera plus tenable.

Je ne peux pas vous reprocher de vous investir sur ce dossier qui est par ailleurs crucial pour l'avenir économique de la France. Au-delà de la question des retraites, ce sont d'autres maux, moins apparents, mais qui troublent malgré tout la quiétude de la France. Beaucoup se sentent exclus et remettent en cause l'existence d'une nation française. C'est d'autant plus grave que cela connote une société fracturée. Beaucoup s'appauvrissent. Les conséquences de la crise Covid-19 ont eu un impact sur la vie économique de nombreux Français. Ils sont toujours plus nombreux à regarder davantage à la dépense car ne pouvant plus faire face à l'augmentation du coût de la vie. La crise ukrainienne n'a rien arrangé puisqu'elle a directement impacté la hausse des prix de nombreux biens et services. Je crains que cette étape ne soit pas que passagère car nous sommes loin d'en avoir fini avec les hostilités survenant en Europe orientale. Vous devez sans doute le savoir mieux que quiconque.

La France, c'est également la fuite des cerveaux et des jeunes talents. Il n'y a rien de plus terrible que de dire à un jeune diplômé qu'il lui sera plus opportun de s'exporter plutôt que d'effectuer sa carrière en France. La France a beaucoup de talents mais ne les reconnaît sans doute pas à leur juste valeur. C'est par ailleurs un problème très français. A l'étranger, on ne raisonne pas de la même manière. On ne vous juge pas sur l'âge mais sur vos compétences. En affirmant cela Monsieur le Président, vous pouvez vous sentir personnellement associé à cette réflexion car j'ai l'intime conviction que les Français n'auraient pas la même image de vous ou exprimeraient leur ressenti différemment eu égard à votre communication si vous aviez quinze ou vingt ans de plus. Il ne s'agit que d'une opinion personnelle.

Cependant, je constate également qu'au-delà des quelques exemples non-exhaustifs auxquels j'ai fait référence ci-dessus, le lien de confiance entre les Français et leurs élus ne cesse de s'étioler. Les Français se déplacent moins lorsqu'ils sont appelés aux urnes et les Français votent moins pour les partis ou les candidats modérés. Lorsqu'un électorat fait la part belle aux partis extrêmes ou contestataires, il convient de se poser les bonnes questions. En France, le constat est frappant : l'électeur n'a plus confiance en son parti socialiste, en son mouvement centriste ou encore au parti républicain. Cherchez l'erreur. Pourtant, malgré le désaveu manifeste et qui n'a fait que confirmer le déroulé de l'élection présidentielle de 2017, ces partis qui ont été littéralement mis de côté par les électeurs en 2022 vont malgré tout avoir une bonne représentation au sein de l'hémicycle à l'issue des élections législatives. Certains, à l'échelle nationale, obtiendront assurément beaucoup moins de suffrages exprimés que d'autres partis qui seront pourtant bien mieux représentés au palais Bourbon. C'est ainsi que fonctionne un scrutin majoritaire. Une nouvelle fois, cherchez l'erreur. Tout le monde sait que le découpage des circonscriptions fait l'objet d'une savante étude pour permettre aux partis d'optimiser leurs chances de succès électoral. Toutefois, dans un environnement particulièrement hostile aux forces traditionnelles, beaucoup de Français ne comprendront pas que leurs voix ne soient pas davantage représentées à l'Assemblée nationale. [29] Cela ne fera que contribuer au malaise français.

---

[29] Note de l'auteur : cette partie fut rédigée le jour du second tour de l'élection législative, avant l'annonce des résultats. Pour le coup, les résultats définitifs n'ont pas mis en évidence un décalage criant portant sur la surreprésentation ou la sous-représentation de certaines forces

Il me semble que la Constitution de la Vème République n'est plus adaptée à la réalité politique nationale. Nous avons oublié l'esprit qui animait la rédaction de cette dernière, celle d'assurer un pouvoir fort au chef de l'Etat en raison des maux qui avaient vampirisé la IVème République. A l'époque, la France venait de sortir de la guerre d'Indochine et connaissait une autre grande crise avec la question de l'Algérie. Dans l'esprit des rédacteurs de ce texte constitutionnel, le chef de l'Etat devait pouvoir s'appuyer sur une majorité parlementaire. Depuis lors, la France a connu plusieurs épisodes de cohabitation. Ce sont des périodes pendant lesquelles le véritable pilote de la vie du pays n'est autre que le Premier ministre. Les règles du jeu ont ainsi été faites. Toutefois, au regard de ce que la France est en train de vivre, elles ne me paraissent plus adaptées à son bon fonctionnement. Certaines nécessitent d'être modifiées.

De même, si les Français ne croient plus en leurs politiques, il faut sans doute y voir un problème de communication. Ils ne croient plus en leurs élus. Le problème est qu'à force de décevoir leurs administrés, les électeurs ne savent plus véritablement à quel saint se vouer. Un tel cas de figure ne se présente pas lorsque tout va bien dans une société. C'est précisément lorsqu'il y a un problème que les votes se tournent vers les politiques populistes voire vers les extrêmes. On se dirige vers ces votes lorsque l'offre politique classique ne répond plus aux attentes de l'électorat. Une fois de plus, ce problème n'est pas à prendre à la légère. C'est ce qu'il s'est passé en Italie ou en Grèce. Dans les deux cas, les partis d'extrême droite ont vu leur popularité croître au fur et à mesure des

---

politiques à l'Assemblée nationale. Cette partie ne devait initialement pas constituer la conclusion de cette réflexion mais au regard des résultats du 19 juin, cette lettre ouverte adressée au Président de la République a finalement endossé ce rôle.

déceptions occasionnées par les partis traditionnels modérés. Lorsqu'on constate que les candidates socialiste et républicaine ont péniblement dépassé 6% des votes exprimés au premier tour de l'élection présidentielle, il faut une fois de plus se poser les bonnes questions. Au-delà du fort taux d'abstention, les candidats Jean-Luc Mélenchon, Marine Le Pen et Eric Zemmour ont obtenu plus de la moitié des votes exprimés. Certes, vous arrivâtes en tête à l'issue du premier tour puis vous remportâtes la grande finale contre la représentante du Rassemblement National. Néanmoins, il convient surtout de comprendre ce qui ne va pas et il semblerait que les Français aient clairement envoyé un message au Président de la République, c'est-à-dire à vous.

Monsieur le Président, certains voient en vous un homme arrogant et très autoritaire. Une fois de plus, je vais prendre votre défense en plaidant la nécessité pour un homme d'Etat de devoir et savoir prendre des décisions. Cependant, il faut de la cohérence dans la communication, notamment lors d'une période sensible. Combien de Français ont paru désemparés face à la communication officielle en pleine période de Covid ? Combien de décisions ont-elles été mal comprises ou perçues comme allant contre le bon sens ? Il faut bien reconnaître que la crise sanitaire a certainement perturbé beaucoup de monde tant elle paraissait insaisissable et occasionnait autant de désordres et de troubles dans la vie de chacun. Pour autant, beaucoup n'ont pas compris la logique de la gestion de crise ainsi que celle de la communication faite aux Français. Parent d'élève, je m'interroge toujours sur la raison ayant poussé à la réouverture des écoles à quelques jours de la fin de l'année scolaire en juin 2020… tandis que les cas d'infection à la Covid repartaient alors à la hausse en France. Dans une période où les Français sont passablement irrités pour diverses raisons (perte d'emploi, chamboulement de la vie familiale, baisse du pouvoir d'achat, etc.), ce type de décision en apparence incohérente a de plus en plus de mal à passer.

Il est désormais temps pour moi de mettre un point final à cette réflexion et je ne vous cache pas mon inquiétude pour l'avenir de la France. Je ne cherche pas à diffuser un message pessimiste. Bien au contraire, je pense que toute situation peut connaître une évolution favorable. Ainsi, il me semble qu'il est encore temps d'agir. La France traverse une période compliquée. Plus globalement, le monde se retrouve dans pareil cas de figure. En revanche, chacun affronte cette mauvaise passe à sa manière et avec ses particularismes.

Monsieur le Président, vous avez réussi un tour de force remarquable en parvenant à faire éclater le paysage politique français, ou du moins, les partis traditionnels. Le problème est qu'en développant cette stratégie gagnante, l'équilibre institutionnel national s'en retrouve impacté car l'opposition ne peut désormais plus s'ériger contre vous sans recourir à des alliances stratégiques tandis que vous venez de perdre la majorité à l'Assemblée nationale. Or les alliances politiques sont toujours risquées dès lors qu'elles n'offrent aucune assurance d'être durables. Contrairement aux systèmes anglo-saxons, on se réunit parce qu'on partage des intérêts communs mais dès qu'il y a un désaccord, le groupe se divise et donne lieu à la création de nouveaux partis ou mouvements politiques. A ce jour, la France ne peut se permettre d'être pilotée par une équipe dirigeante qui ne soit pas harmonieuse. Je ne fais aucunement cas d'un quelconque penchant partisan. Mon analyse serait la même quelle que soit l'identité du chef de l'Etat. Les autorités exécutives et législatives doivent marcher main dans la main. Or ce ne sera pas le cas.

La France a cruellement besoin d'une cohésion politique, d'une équipe dirigeante unie pour servir l'Etat et non d'un patchwork d'hommes et de femmes servant les intérêts de formations partisanes et qui impactent la continuité de l'action gouvernementale. C'est généralement ce qui se produit lors d'une cohabitation ou plus globalement au sein d'une alliance politique. Avec votre majorité parlementaire relative, le cas de figure est pire. Les Français ont besoin de retrouver cette confiance délitée en leurs dirigeants exécutifs. Cela ne pourra se produire dans l'immédiat. J'en mets ma main à couper. Cinq ans, c'est long. Vous avez déjà vécu cela entre 2017 et 2022. Vous savez que le mécontentement est là, sous vos yeux. Vous avez certes remporté l'élection présidentielle car vous avez obtenu plus de suffrages exprimés que votre adversaire, c'est un fait. Beaucoup d'électeurs ont surtout voté en votre faveur pour ne pas permettre à Marine Le Pen de prendre ses quartiers au palais de l'Elysée. Vous n'êtes pas un cas unique de Président de la République élu sur fond d'élimination populaire. C'est bien le problème. En France, pour chaque scrutin présidentiel, on choisit au premier tour et on élimine au second. Dans pareilles circonstances, le Président élu n'est donc pas nécessairement un acteur politique populaire. On a voté pour lui parce qu'on ne voulait pas de l'autre. Pour certains électeurs, cela revient à choisir entre la peste et le choléra. Cela rappelle les votes anti-Sarkozy en 2012 ou ceux orientés contre Jean-Marie Le Pen en 2002. D'ailleurs, à l'époque, je me souviens de cette mobilisation nationale après ce qui avait été qualifié de « séisme du 21 avril » à l'annonce de la présence du vieux tribun au second tour de l'élection présidentielle. En 2017 et en 2022, ce n'était plus un séisme. La présence de l'extrême droite au second tour s'imposait comme une évidence. Les Français le font savoir. Il n'y a rien d'accidentel.

Encore une fois, je concède volontiers que la gouvernance d'un pays est un exercice relevant d'une grande difficulté. En revanche, il n'y a rien de pire dans un système démocratique que de constater une distance béante entre les équipes dirigeantes et l'électorat. Pour ce dernier, le ressenti est parfois lapidaire puisqu'il a l'impression d'être au mieux considéré comme un ensemble de plébéiens. N'oubliez pas ceux qui vous ont porté au pouvoir. Ils ont besoin qu'on leur parle sans fard et sans condescendance. Quand on ne peut pas faire quelque chose, il faut l'expliquer simplement. Le message passera d'autant mieux, surtout dans une période difficile. Faire son mea culpa est assurément une bonne initiative mais cela ne suffit pas. Les Français n'attendent pas de miracle mais que leurs élites dirigeantes assument leurs responsabilités en leur parlant vrai, sans qu'aucune forme d'arrogance ou de dédain puisse transparaître et être ressentie.

Dans une société où les extrêmes sont généralement diabolisés, il est temps de se rendre compte que ces derniers voient leur popularité grandir au fur et à mesure que les élites traditionnellement modérées déçoivent au point que l'électorat ne leur accorde plus sa confiance. Plusieurs relances ont déjà été faites par ce dernier. La prochaine ne sera peut-être pas l'énième piqûre de rappel mais la lame de la guillotine qui s'abattra sur les forces modérées. Dans pareil cas, vous aurez sans doute la confirmation d'un mal-être français ambiant mais la majorité aura démocratiquement choisi son camp.

Monsieur le Président, vous n'êtes sans doute pas arrivé au meilleur des moments sur la scène politique française. Vous avez hérité d'une France mécontente que vos prédécesseurs n'étaient pas parvenus à satisfaire en leur temps. Vous avez fait vœu de servir votre pays. C'est courageux. C'est tout à votre honneur et je ne doute pas un instant de votre engagement sincère au même titre que celui de ceux qui vous précédèrent au palais de l'Elysée. Toutefois, notez bien que le lien affectif entre les Français et l'univers politique n'est pas au beau fixe et que les normes régulant la vie exécutive et législative nationale ne sont sans doute plus adaptées à la réalité politique française puisqu'à ce jour, il n'y a plus de force politique faisant autorité sur l'échiquier hexagonal. Les poids lourds de naguère traversent une grave crise existentielle. Certains ne s'en remettront peut-être pas. L'offre politique peut toujours se renouveler mais ce qui importe, c'est d'avoir des forces dominantes, des forces qui fassent autorité, des forces capables de fédérer autour d'elles et d'asseoir la légitimité de leurs élus aux yeux du plus grand nombre. Malheureusement, ce n'est pas adressé contre vous à titre personnel, mais en avril, vous avez remporté une échéance électorale tandis qu'un Français inscrit sur les listes électorales sur cinq avait porté son dévolu sur vous au premier tour de scrutin. Quatre sur cinq auraient préféré quelqu'un d'autre. Il faut donc considérer que la patience des Français à l'égard de l'action exécutive ne sera pas illimitée. Elle l'est d'ailleurs tellement peu que les Français ne vous ont accordé qu'une majorité relative à l'Assemblée nationale. Vous avez désormais les pieds et les mains liés. Votre programme initial de quinquennat va considérablement changer. Vous n'aurez plus la marge de manœuvre de votre premier mandat élyséen. Cette fois-ci, vous êtes bloqué, au même titre que la France poursuit son long cheminement vers l'accroissement d'une crise politique et sociale toujours plus incertaine que chacun voit pourtant poindre à l'horizon depuis si longtemps. Aujourd'hui, nous y sommes. Et je crains désormais pour l'avenir de mon pays.

Glossaire des abréviations pour mieux comprendre les partis politiques français et les listes d'alliance créées pour les élections législatives de juin 2022

Cette liste dressée par ordre alphabétique ne recense pas tous les partis politiques français. Il en existe de nombreux, notamment actifs à l'échelle régionale voire plus locale. A défaut d'exposer une liste exhaustive, l'idée est surtout d'essayer de présenter les principaux acteurs politiques au niveau national et particulièrement ceux qui ont occupé le cœur de l'actualité médiatique en vue de l'élection présidentielle d'avril 2022 puis de l'échéance législative de juin 2022.

Agir : son nom complet est « Agir, la droite constructive ». Ce parti fut fondé en novembre 2017 et se réclame de centre droit et de droite.

DLF : acronyme de « Debout La France ! ». Parti fondé par Nicolas Dupont-Aignan en 1999 sous le nom de « Debout la République » devenu DLF en 2014. Parti se réclamant du gaullisme et parfois classé à l'extrême droite.

DVC : pour Divers Centre. Il ne s'agit pas d'un parti politique mais d'une étiquette créée par le ministère de l'Intérieur pour tout candidat ou liste, notamment, apparenté à un parti centriste mais n'étant pas officiellement soutenu par une structure partisane.

DVD : pour Divers Droite. Cette appellation relève de la même logique que celle portant sur DVC.

DVG : pour Divers Gauche. Même logique d'appellation que pour DVC et DVD.

EELV : Europe Ecologie Les Verts. Ce parti politique se nomme ainsi depuis 2010. Depuis 1984 et sa création, il se nommait Les Verts.

Ensemble ! : c'est le nom de la liste de la majorité présidentielle concourant aux élections législatives de juin 2022. Elle regroupe LREM, le MoDem, Horizons, En Commun, Territoires de Progrès, Agir et le Parti Radical.

FN : Front National. Parti de tendance extrême droite fondé en 1972 par plusieurs personnalités militantes dont Jean-Marie Le Pen qui en devint la figure de proue.

LFI : La France Insoumise. Parti fondé en 2016 par Jean-Luc Mélenchon. Ce parti est de tendance gauche radicale voire d'extrême gauche.

LR : Les Républicains. Ce fut le nouveau nom de l'UMP. C'est le grand parti politique de centre-droit et de droite qui se réclame gaulliste et libéral-conservateur.

LREM : La République En Marche. C'est l'appellation du parti originellement nommé En Marche par son fondateur Emmanuel Macron. Ce parti existe depuis 2016.

MoDem : Mouvement Démocrate. Fondé en 2007 après l'élection présidentielle par François Bayrou, le MoDem se revendique indépendant et central sur l'échiquier politique français.

NUPES : Nouvelle Union Populaire Ecologique et Sociale. Cette alliance créée en vue de l'élection législative de juin 2022 regroupe une large coalition de gauche et d'extrême gauche. Ainsi, LFI, EELV, le PS, le PCF et Génération.s ont uni leur force contre la majorité présidentielle.

PCF : Parti Communiste Français. Parti politique fondé en France en 1920 en comptant parmi les plus anciens de l'échiquier politique national.

PRG : Parti Radical de Gauche. Initialement fondé en 1972 sous une autre dénomination par des membres dissidents du Parti Radical, ce parti est classé au centre-gauche de l'échiquier politique national.

PRV : Parti Radical. La dénomination officielle est « Parti républicain, radical et radical-socialiste » ou « Parti Radical Valoisien ». Il se situe au centre-droit depuis le départ de son aile gauche en 1972.

PS : Parti Socialiste. Un des partis politiques français les plus anciens puisque fondé en 1905. D'abord appelé Section Française de l'Internationale Ouvrière (SFIO), il prit son appellation actuelle en 1969.

Reconquête ! : c'est le parti politique fondé par Eric Zemmour en vue de sa candidature pour l'élection présidentielle de 2022. Il réunit un large horizon de partisans, certains provenant de la droite républicaine et d'autres étant anciennement des sympathisants du Rassemblement National et de la mouvance identitaire.

Renaissance : c'est sous cette appellation que fusionneront En Marche, Agir, Territoire de Progrès et En Commun. La fusion devrait survenir quelques semaines après le second tour de l'élection législatives et n'englobera ni le MoDem ni Horizons, partis alliés pour les élections législatives de juin 2022.

RN : Rassemblement National. Parti dominant incarnant l'extrême droite française. Il porte cette dénomination depuis 2018. Son ancienne dénomination était Front National.

RPR : Rassemblement Pour la République. Parti fondé par Jacques Chirac en 1976 et actif jusqu'en 2002 et la création de l'UMP.

UDF : Union pour la Démocratie Française. Parti de centre droit actif de 1978 jusqu'à sa disparition en 2007 provoquée par François Bayrou en créant le MoDem.

UDI : Union des Démocrates et Indépendants. Parti de centre droit fondé par Jean-Louis Borloo en 2012.

UMP : Union pour un Mouvement Populaire. Parti alliant centre droit et droite modérée fondé par Jacques Chirac en 2002. Ce parti fusionnait plusieurs groupes politiques de la tendance centre droit - droite.